그러니까, 걷자

글 조현재

프롤로그

2024년 손녀의 유치원 운동회 날, 가족 대표로 나선 나는 2등을 했다. 시상식에서 사회자가 조심스럽게 물었다. "혹시 할아버지 맞으세요? 너무 젊어 보이셔서 늦둥이인 줄 알았어요." 그 순간 모두가 웃음을 터뜨렸다.

이 글을 쓰고 있는 나는 올해 65세다. 지금부터 내가 이렇게 젊게 사는 비결을 이야기하려고 한다.

40대 중반, 사업과 삶이 가장 안정적일 때 나는 대장암 4기 진단을 받았다. 두 번의 수술과 6개월의 항암 치료를 겪으며 죽음의 문턱까지 갔다. 매일 '오늘은 살 것 같다'가 '오늘은 죽을 것 같다'로 바뀌는, 벼랑 끝에 선 듯한 불안과 초조함 속에서 나는 아무것도 할 수 없었다. 그때 내가 선택한 유일한 방법은 걷기였다.

살기 위해 죽기 살기로 걸었다. 처음에는 5분, 10분만 걸어도 힘들어 쉬어야 했지만, 점차 1시간, 2시간씩 걸을 수 있게 되었다. 걷기는 내 몸의 회복을 넘어 삶의 방향 자체를 바꾸어 놓았다. 병으로 무너졌던 육체는 다시 일어섰고, 절망했던 마음은 희망을 품게 되었으며, 무기력했던 영혼은 다시 살아 움직이기 시작했다.

나는 만나는 사람마다 걷기를 권한다. 특히 아픈 사람들에게는 내 경험을 적극적으로 나눈다.

한번은 지인과 식사 중에 그분 손이 떨리고 음식을 흘리기에 병원 검사를 권했다. 파킨슨병 진단을 받았다는 소식을 듣고, 나는 내 경험을 이야기하며 죽기 살기로 걸으라고 조언했다. 손목에 차는 웨어러블과 걷기 책도 선물했다.

1년 뒤, 그분은 더 건강해진 모습으로 나타나 나에게 "그때 조 대표님이 '죽기 살기로 걸으라'고 하셨는데, 그 말이 귀가 아니라 가슴으로 들렸다"고 했다. 눈이 오나 비가 오나 매일 아침 뚝방길을 걷고 있다고, 당신은 내 생명의 은인이라고 말했다.

그 순간, 걷기가 누군가의 생명을 살릴 수도 있다는 확신을 얻었다. 그 후 '국민 만보 걷기 운동 본부' 단체를 설립하고 걷기 강의를 시작했다. 특히 시니어와 아픈 분들을 도울 수 있다는 사명감을 갖게 되었다.

내 강의를 들은 많은 분이 "오늘부터 걸어야겠어요!", "걷기가 이렇게 중요한 줄 몰랐네요. 감사합니다!"라고 말할 때마다, 걷기가 사람들의 삶을 바꿀 수 있다는 보람과 힘을 얻는다. 지금은 매주 화요일 함께 걷는 '1,000원 순례길'을 통해 걷기 운동이 각 도시의 문화로 정착되기를 위해 열심을 다하고 있다. 나이 들수록 아플수록 삶이 힘들수록 걸어야 한다. 걷기는 몸과, 마음과, 영혼을 살리는 길이기 때문이다.

걷지 않아서 병이 온다

많은 사람이 병이 있어서 걷지 못한다고 생각하지만, 사실은 걷지 않아서 병이 온다는 사실을 잘 모른다. 현대인이 겪는 질병의 상당수는 운동 부족, 특히 걷기 부족에서 비롯된다. 몸이 아파서 못 걷는 게 아니라, 걷지 않아서 더 아파지는 것이다.

제대로 걷기만 해도 뇌가 활성화되고 행복 호르몬인 도파민, 세로토닌, 엔도르핀 같은 신경 회복 물질이 분비되어 몸과 마음이 치유된다. 우울감과 무기력함 속에 하루를 보내는 사람들에게 걷기라는 선물은 무엇과도 바꿀 수 없는 소중한 가치다.

100세 시대, 준비되었는가?

지금 우리나라는 '장수의 역습' 시대에 들어섰다고 한다. 100세 시대라고 모두가 환호하지만, 그 긴 노년을 감당할 몸과 마음, 경제력, 공동체는 준비되어 있지 않다. '간병 살인'이라는 끔찍한 단어가 뉴스에 오르내리는, 아프면서 오래 사는 시대다.

특히 5060세대는 '노노 케어(노인이 노인을 부양하는 현실)' 속에서 힘겹게 살아가고 있다. '100세 쇼크', '노인 쓰나미' 같은 신조어가 난무하는 이 시대에 시니어의 삶은 고단하기만 하다.

나는 암으로 5년간 혹독한 투병 생활을 했다. 그리고 그 후 사업 부도로 모든 것을 잃고 부모님 집으로 들어와 살던 몇 년 동안, 살기 위해 몸부림치며 할 수 있었던 유일한 일이 바로 걷기였다. 아플 때마다 걸었고, 힘들 때마다 걸었다. 그리고 다시 일어설 수 있었다.

이 책은 내 삶의 회복 여정이며, 아직 나를 만나지 못한 분들에게 드리는 진심 어린 고백이다. 걷기를 통해 몸이 살아나고 인생이 바뀌는 내 이야기가 지금 이 글을 읽고 있는 당신의 인생에도 작은 불씨가 되기를 진심으로 바란다.

아플수록, 나이 들수록, 삶이 힘들수록, 그러니까 걷자.

[목차]

프롤로그 * 3

Chapter 1. 그러니까, 걷자 * 13

1. 나이들수록 * 14

2. 아플수록 * 18

3. 힘들수록 * 22

4. 걸으면 젊어 지는 뇌 * 26

5. 체온1도의 기적 * 31

6. 근육부자 * 35

7. 마음근육 * 41

8. 신랑 걷기 각시 호르몬 * 46

Chapter 2. 숨 좀 돌리고 삽시다. * 51

1. 내 인생의 쉼표 * 52

2. 셀프 부양시대 * 57

3. 약의 두 얼굴 * 62

4. 감사와 불평의 경계선 * 69

5. 나이 값 하고 살자 * 76

6. 인생의 환절기 * 81

7. 중국집 스티커 효력 * 88

8. 부모 자식 간 유대 함정 * 95

9. 내 나이가 어때서 * 101

10. 나 때는 말이야! * 106

11. 자기연민에 빠진 사람들 * 111

Chapter 3. 대한민국, 노인으로 산다는 것 * 119

1. 대한민국은 노인나라 * 120

2. 생 로 병 병 병 돌봄 사 * 125

3. 노인 냄새 * 132

4. 노인 아들 노인 엄마 * 137

5. 장수의 역습 간병 살인 * 142

6. 왕따 된 우리 엄마 * 148

7. 함께 오래 살아야 하는 부부 * 153

8. 맛있는 인생 액티브 시니어 * 164

Chapter 4. 길 위의 사람들 * 171

1. 1,000원 순례길 * 172

2. 주먹 하나의 비밀 보폭 10cm * 180

3. 옆집 아줌마가 신은 운동화 * 186

4. 100원 동전 바보 * 192

5. 아들과 함께한 산티아고 순례길 800km * 197

에필로그 * 207

Chapter 1. 그러니까 걷자

1. 나이들수록
2. 아플수록
3. 힘들수록
4. 걸으면 젊어 지는 뇌
5. 체온1도의 기적
6. 근육부자
7. 마음근육
8. 신랑 걷기 각시 호르몬

나이 들수록

나이가 들면 몸이 가장 먼저 약해진다. 예전에는 계단을 단숨에 뛰어올라가도 숨이 차지 않았는데, 이제는 한 층만 올라도 가슴이 두근거리고 다리가 뻣뻣해진다. 예전에는 하루 종일 일해도 거뜬했는데, 이제는 잠깐 무리해도 며칠이 지나야 회복된다.

몸이 눈에 띄게 달라지면 마음도 함께 약해진다. 작은 일에도 예민해지고 사소한 말에도 상처를 받는다. 친구가 전화를 한 번 안 받으면 "내가 뭘 잘못했나?" 하며 괜한 의심과 서운함이 밀려온다.

나이가 들면 병원에 가는 횟수가 늘고 약 봉투가 늘어난다. 병은 갑자기 찾아오는 것 같지만, 사실은 오랜 시간 쌓인 작은 생활 습관이 만들어낸 결과다. 심장병, 당뇨병, 고혈압, 치매 같은 노인성 질환 대부분이 운동 부족과 관련 있다는 사실은 이미 잘 알려져 있다. 그럼에도 사람들은 나이가 들수록 덜 걷는다. "힘이 없으니까," "무릎이 아프니까," "넘어질까 봐"라는 생각은 오히려 노화를 가속화한다. 앉아만 있으면 근육은 더 빠르게 줄고, 혈관은 더 막히며, 마음은 더 우울 해진다.

정말 걸을 힘이 없어서 걷지 않는 것일까? 아니면 걷지 않으니 점점 힘이 없어지는 것일까? 걷지 않아서 아픈 경우가 훨씬 많다. 나이 들수록 덜 걷는 것이 아니라 오히려 더 걸어야 하는 이유가 바로 여기에 있다. 우리 몸은 쓰지 않으면 금방 녹슬기 때문이다. 마치 오래 세워둔 자전거 바퀴에 녹이 스는 것처럼, 움직이지 않으면 근육이 빠지고 관절이 굳고 혈액순환이 나빠진다.

나이 들수록 걷기가 선택이 아니라 필수가 되는 이유는 걷기가 몸과 마음, 사회적 관계를 동시에 지켜주는 전천후 건강 습관이기 때문이다. 걷기는 돈이 들지 않는다. 특별한 장비도 필요 없고, 날씨만 허락한다면 지금 당장 시작할 수 있다. 이렇게 단순해 보이는 걷기의 효과는 너무나 많고 중요하다. 심장, 혈관, 근육, 호르몬, 면역력까지 우리 몸에 여러 유익함을 끼치는 데 걷기만 한 것이 없다. 걷기는 나이 들수록 노후를 보장하는 최고의 보험이다. 병원비를 줄이고 독립적인 생활을 오래 유지하게 만들며 삶의 질을 지켜준다.

나이 들수록 집에만 있으면 사람을 만나지 않고 말할 일도 줄어든다. 하지만 걸으러 나가면 이웃과 인사를 하고 친구와 함께 걸을 수 있다. 걷기 모임이나 산책 약속은 대화와 웃음을 되찾아주고 외로움을 줄여준다. 나이 들수록 함께 걷는 사람이 있다는 것은 큰 행복이다. 걷는 힘은 곧 내 힘으로 생활할 수 있는 능력이다.

나이가 들면서 가장 두려운 병 중 하나는 바로 치매이다. 머리가 흐려지고 기억이 사라지면서 그때부터는 나 자신도 가족도 힘들어지기 때문이다. 의학 연구에 따르면 꾸준히 걷는 습관이 치매 발병 위험을 크게 낮춘다. 우리 뇌는 몸무게의 2%밖에 안 되지만, 우리가 마시는 산소와 먹는 영양분의 18%를 소비한다. 그만큼 뇌는 피가 잘 통해야 건강하다. 걷기 운동을 하면 심장이 빨리 뛰면서 혈액이 온몸을 돌고, 그 과정에서 뇌에도 신선한 피와 산소가 공급된다. 마치 오래 사용하지 않은 방에 창문을 열어 바람을 넣는 것처럼, 걷기는 뇌 속에 신선한 공기를 불어넣는다. 따라서 걷기는 뇌를 자극하는 운동이며, 뇌가 늙는 속도를 늦춰 치매에 걸릴 확률을 크게 떨어뜨린다.

마트에 가고 병원에 가고 버스를 타고 다니려면 다리가 튼튼해야 한다. 걷기를 습관 화하면 80세, 90세가 되어도 스스로 움직이며 생활할 수 있고, 이것이 진정한 노후의 자유이고 최고의 투자다.

운동화 한 켤레만 있으면 특별한 장소도 필요 없다. 하루 5천 보, 7천 보, 만 보를 목표로 걷기를 시작하면 나이 들수록 걸음은 곧 내 생명이 된다. 혼자 걷는 것도 좋지만, 친구나 가족과 함께 걸으면 뇌 자극이 더 커진다. 대화를 하면서 걸으면 언어 능력, 기억력, 사회성까지 동시에 훈련된다. 이것은 마치 두 가지 운동을 한 번에 하는 것과 같다. 발로 걷고, 입으로 말하고, 귀로 듣고, 머리로 생각하는 전신 뇌 운동이 된다.

걷기의 힘은 하루아침에 나타나지 않지만, 반드시 천천히 그리고 확실하게 찾아온다. 나이가 들어도 꾸준히 걷는 사람들은 표정이 다르고 눈빛이 맑으며 목소리가 또렷하고 움직임에 활력이 있다. 걷기는 단순히 다리만 움직이는 것이 아니라 온몸의 세포와 마음을 동시에 깨우는 활동이다. 걷는 힘이 있다는 것은 내가 원하는 것을 내 발로 갈 수 있다는 뜻이고, 그것은 곧 자유이며 존엄이다.

나는 걷기를 통해 인생의 위기에서 여러 번 다시 일어섰다. 병이 찾아왔을 때, 사업이 무너졌을 때, 마음이 지치고 힘들 때 그 모든 순간에 나는 발걸음을 내디뎠고, 걷는 동안 다시 살아갈 힘을 찾았다. 나이 들수록 걸어야 한다. 걷기는 단순한 운동이 아니라 건강, 행복, 관계, 자유를 지키는 가장 간단하고 강력한 습관이다. 걷기는 나의 남은 삶을 지켜주는 보디가드다.

오늘부터 함께 걷자. 그것이 오래 살고 잘 사는 길이다. 아파서 못 걷는 것이 아니라, 안 걸어서 아프게 되는 경우가 더 많다. 걷기는 선택이 아니라 필수다.

아플수록

병의 90%는 걷기만 해도 낫는다는 말이 있다. 반대로 병의 90%는 걷지 않아서 생긴다고도 한다. 나는 아픈 사람들을 많이 만난다. 그때마다 걷기를 권하지만, 그들은 "아픈데 어떻게 걸어요?"라고 되묻는다. 관절이 아프고, 허리가 아프고, 마음이 아픈데 어떻게 걸을 수 있냐고 묻는 것이다.

나는 40대 중반에 대장암 4기로 5년간 투병생활을 했다. 두 번의 큰 수술과 항암 치료로 몸은 망가졌고, 체력은 바닥까지 떨어졌다. 그때 내가 할 수 있는 운동은 오직 걷기였다. 숨이 차서 멈춰 서기를 반복했지만, 하루하루 죽기 살기로 걸었다. 처음에는 병원을 오가는 길이 전부였지만, 시간이 지나면서 동네 아파트를 걸을 수 있었고, 나중에는 둘레길을 걷게 되었다. 걷기는 내 몸이 서서히 회복되는 유일한 생명의 끈이었다. 지금은 또래보다 더 건강하게 살고 있다.

물론 걷기만으로 모든 병이 낫는다는 뜻은 아니다. 그러나 걷기는 병과 싸우는 몸에 힘을 준다. 걷기는 피를 돌게 하고, 뇌를 진정시키며, 호르몬을 조절하고, 위장을 편안하게 만든다. 걷기는 약이 할 수 없는 전신 회복을 가능하게 만든다. 많은 의사가 걷기를 강조하지 않는 이유는 걷기가 환자 스스로 해야 하는 것이기 때문이다. 약은 처방하면 환자가 먹지만, 걷기는 강제로 먹일 수 없다. 그래서 우리는 스스로 걸어야 한다. 아무도 대신 걸어줄 수 없다. 아플수록 걸어야 한다는 것은 단순한 건강 지침이 아니다. 그것은 내 몸과 가족, 그리고 나의 남은 인생을 살리는 길이다.

나는 이렇게 고백할 수 있다. 걷기는 운동이다. 그러나 단순한 운동이 아니라, 걷기는 '내가 나를 포기하지 않겠다'는 선언이다. 걷기는 아픔에 갇힌 내가 다시 세상과 연결되겠다는 고백이다. 걷는다는 것은 살아 있음을 증명하는 가장 단순하면서도 위대한 몸짓이다. 걷지 못한다는 것은 누군가의 도움을 받아 살아야 하는 것이고, 돌봄은 삶의 질을 떨어뜨릴 수밖에 없다.

인간은 왜 암에 취약한가?

『병의 90%는 걷기만 해도 낫는다.』라는 책의 내용처럼, 인간은 가장 암에 걸리기 쉬운 동물이다. 인간의 약 30%가 암으로 사망하는 반면, 다른 동물들의 암 사망률은 매우 낮다. 인간과 99%의 유전자가 일치하는 침팬지는 2% 이하, 개와 고양이는 그 절반인 1% 이하다. 물속을 자유롭게 헤엄치는 물고기는 더욱 낮아 0.1% 이하다. 다만 집에서 기르는 개와 고양이의 사망 원인도 인간과 마찬가지로 암이 많고, 애견의 30%가 암으로 죽는다는 조사 결과도 있다. 인간과 함께 생활하는 스트레스가 암 발생률을 높이는지도 모른다.

 흥미롭게도, 움직이지 않는 동물일수록 암에 걸리기 쉽다는 사실이 밝혀졌다. 항상 움직여야 하는 야생동물은 거의 암에 걸리지 않는다고 한다. 인간도 마찬가지다. 아프리카 오지에서 해돋이와 함께 일어나 해가 지면 잠이 들고 항상 걸으며 생활하는 사람들에게는 암이라는 질병이 거의 없다고 한다. 그런 의미에서 암은 자연스러운 수면의 흐름이 깨지고 걷지 않는 사람에게 찾아오는 '문명병'이라고도 할 수 있다.

걷기는 통증을 줄이고 마음을 치유한다

 인간은 원래 움직이도록 창조된 존재다. 태어날 때부터 우리는 기어 다니고 걸으며 세상을 탐험하고 배우는 존재다. 그런데 어느 날 아프다고 해서 그 움직임을 멈추면 뇌는 "움직이지 않아도 되겠구나"라는 신호를 보낸다. 그렇게 몸은 점점 더 굳고, 혈액순환은 느려지고, 신진대사는 떨어지며, 체력은 무너진다. 특히 노인의 경우, 움직이지 않는 하루하루가 곧 근 감소증과 기능 저하로 이어진다. 한 달만 누워 있어도 몇 년은 늙어버릴 수 있다. 병이 무서운 게 아니라, 병으로 인해 움직이지 않게 되는 것이 더 무서운 일이다.

통증이 있을 때 사람들은 약부터 찾는다. 진통제, 근육 이완제, 파스, 물리치료. 그러나 가장 근본적인 해결책은 근육과 관절이 제자리에 있게 하고 정상적으로 움직이도록 돕는 것이다. 걷기는 그 목적에 딱 맞는 운동이다. 걷기는 관절을 부드럽게 하고 근육을 자극하며 혈액순환을 돕고 체내 염증을 줄이는 효과가 있다. 꾸준히 걷는 것이 진통제보다 효과가 있다는 연구도 있다. 특히 무릎, 허리, 고관절 통증은 가벼운 걷기를 통해 개선되는 경우가 많다.

몸이 아프면 마음도 우울해지고, 마음이 아프면 몸까지 아픈데, 이 악순환을 끊는 데 걷기만큼 효과적인 운동은 많지 않다.

"아플수록 걸으십시오. 걸음이 곧 회복이고 기적입니다. 나이 먹어서 못 걷는 것이 아니라, 안 걸어서 아픈 것입니다. 작은 걸음이 모여 근육을 만들고 면역을 높이며 마음을 일으킵니다. 그 과정 속에서 분명히 회복의 손길을 느끼게 될 것입니다."

아플수록 걸어야 한다!

힘들수록

  암 투병은 내 인생의 끝인 줄 알았다. 대장암 4기라는 말은 사형 선고처럼 들렸다. 항암 치료를 받고 병원 침대에 누워 하늘만 바라보던 시간들. 몸이 점점 말라가고, 입맛은 사라지고, 기운도 없던 그때, 나는 매일같이 죽음과 마주했다.

  그런데 걷기를 통해서 기적처럼 완치 판정을 받았다. 주치의가 "다 나았습니다."라고 말해준 날, 세상이 다시 보였다. 그동안 아무것도 하지 못했던 나날들이 떠오르며 눈물이 핑 돌았다. '이제 살았다. 이제 다시 시작하면 된다.' 그런 희망이 나를 다시 움직이게 했다.

  그래서 나는 새로운 사업을 시작했다. 나를 위해서, 가족을 위해서라도 반드시 성공하고 싶었다. 살아 돌아온 몸이니 제대로 살아보고 싶었다. 암을 이겼으니 이제 무엇이든 할 수 있을 거라 믿었다. 그렇게 절박한 마음으로 밤낮없이 뛰어다녔다. 하지만 세상은 그렇게 쉽게 기회를 주지 않았다. 경기는 어려웠고 시장은 냉정했다. 하루하루가 적자였다. 점점 빚은 늘어갔고, 마침내 더는 버틸 수 없어 3년 만에 부도를 내고 사업을 접게 되었다.

 그 순간부터 모든 것이 무너졌다. 삶의 바닥은 그런 식으로 찾아왔다. 손에 쥔 것 하나 없이 모든 걸 정리하고 결국 네 식구가 본가로 들어가던 날, 나는 현실을 도무지 받아들이기 힘들었다. 부모님이 사시던 본가에 다시 들어가는 발걸음은 참담함 그 자체였다. 그때 내 머릿속을 맴돌았던 한마디, '이게 꿈이면 좋겠다.'

 아이들을 설득하고 힘들어하는 아내의 눈치를 살피며 하루하루 버티던 오랜 시간, 무너진 가장으로서 자존심, 아버지로서 무력감, 남편으로서 미안함은 감당할 수 없는 큰 무게였다. 암 진단을 받았을 때도 힘들었지만, 치료를 견디며 희망을 붙들던 시기에는 '살아만 있으면 된다'는 마음뿐이었다. 하지만 두 번째 시련은 더 혹독했다. 완치 판정은 삶의 보증수표처럼 느껴졌지만, 새롭게 시작한 사업의 실패는 단순한 돈의 문제가 아니었다. 자존심이 무너졌고, 가족의 일상이 흔들렸으며, 미래는 캄캄했다. '왜 이런 일이 또 나에게…' 억울함과 분노, 자책이 뒤섞였던 그 시절, 나는 이러다 다시 병이 재발할 수도 있겠다는 생각까지 들었다. 암보다 더 무서운 생활의 무게, 현실의 냉혹함, 사람들의 시선, 그리고 내 마음속 절망감이 나를 갉아먹고 있었다.

걷기가 내게 준 기적

어느 날 나는 아무 말없이 길을 나섰다. 그 길에서 나는 많이 울었다. '이제 조금 살만한데 왜 또 이런 시련이 나에게 왔는지' 마음이 무너졌다. 그러면서 하염없이 걷고 또 걸었다. 걷다 보니 나도 모르게 조금씩 살아나는 기분이 들었다. 투병 생활을 할 때 걷기를 통해 몸이 회복되었던 것처럼, 사업 부도로 재정이 무너졌을 때도 걷기를 통해 조금씩 힘을 낼 수 있었다. 걷기에는 신기한 힘이 있다. 몸이 움직이면 마음도 따라 움직인다.

머리가 복잡할수록 걷는 게 답이다. 걷는 동안 우리는 과거에 대한 후회를 잠시 내려놓고, 미래에 대한 불안을 뒤로 미뤄두고, 지금 이 순간의 나를 만날 수 있다. 젊은 시절에는 성공이 중요했고, 가족을 먹여 살리는 것이 삶의 이유였다. 하지만 암과 싸우고 사업이 무너지고 가족을 이끌 힘조차 잃어버렸을 때, 나는 비로소 '인생이란 무엇인가?'를 깊이 묻게 되었다.

그리고 그 물음의 끝에서 나는 걷기를 만났다. 걷는 동안 나는 몸을 살렸고, 마음을 추슬렀고, 무너졌던 신앙을 회복했고, 끊어졌던 관계를 다시 붙잡았다. 내가 나를 위해 움직일 수 있다는 것, 내가 여전히 살아 있다는 감각, 내가 여전히 누군가와 이어져 있다는 확신. 이 모든 것을 걷기를 통해 다시 한번 알게 되었다.

걷기는 사람을 살리는 힘이다.

어디선가 읽었던 책 내용이 기억난다. 한 젊은 사업가가 사업이 부도나자 자살하려고 버스를 타고 한강 다리로 향했다고 한다. 그런데 마음속에 '죽으려는 사람이 버스를 타고 가는 건 사치'라는 생각이 들어 중간에 내려 한참을 걸어갔다고 한다. 한강 다리에 다다랐을 때 갑자기 배가 고파왔고, '어차피 죽을 건데 마지막으로 밥이나 먹고 죽자'는 생각에 식당을 찾아갔다. 밥을 먹으며 '내가 꼭 죽어야만 하나' 하는 생각이 들었다고 한다. 그 사람은 마음을 고쳐먹고 다시 사업을 시작해 이전보다 더 큰 성공을 이뤘다. 그 사람이 한 말의 핵심은 "버스에서 내려 걷지 않았으면 지금의 나는 없었을 것"이라는 말이었다. 이상하게도 걷기만 했을 뿐인데 소망이 생기고 마음이 바뀌게 되었다는 것이다.

이처럼 걷기는 사람을 살리는 힘이 있다. 걷기는 시간과 마음을 정리하는 가장 좋은 친구다. 걷는 발걸음은 세상이 주지 않는 위로가 있다. 당신의 삶이 힘들고, 고단하고, 아프고, 눈물 나고, 두려울수록 걸어야 한다.

이 책은 걷기를 통해 살아낸 사람의 이야기이고, 삶이 무너졌을 때 다시 걸어서 회복된 나의 고백이다. 그래서 나는 무언가를 이겨내려고 지금도 어딘가를 걷고 있을 그분들에게 응원을 보내고 싶다.

걸으면 젊어지는 뇌.

우리가 생각을 하든 안 하든 뇌는 끊임없이 일하고 있다. 그래서 뇌가 제 기능을 발휘하려면 산소와 영양분이 충분히 공급되어야 한다.

문제는 현대인의 생활 습관이다. 걷지 않고 움직이지 않으면 뇌로 가는 산소와 혈액이 줄어들어 뇌 기능이 떨어지기 쉽다. "나이가 들수록 머리가 둔해 진다"라는 말을 자주 듣는데, 사실 뇌는 나이를 먹으면서 조금씩 기능이 떨어지는 게 사실이다. 이는 에너지를 충분히 공급받지 못하기 때문이다. 혈액순환이 원활하지 않으면 뇌에 산소와 영양분이 잘 전달되지 않아 기능이 떨어진다. 뇌는 기계처럼 쉬지 않고 작동하므로 산소 공급이 줄어드는 순간 사고력과 집중력이 떨어지고 기억력까지 흐려진다.

혈액은 심장에서 출발해 동맥을 타고 몸속 구석구석을 여행한 다음,

정맥을 타고 노폐물 등을 회수하며 심장으로 돌아온다. 그런데 심장에서 가장 멀리 떨어진 다리에서 심장으로 돌아오려면 중력을 거슬러야 한다. 이때 혈액이 다시 돌아오도록 돕는 것이 바로 근육이다. 특히 '제2의 심장'이라 불리는 종아리 근육은 수축과 팽창을 통해 펌프 역할을 하며 혈액순환을 돕는다. 걸을 때는 종아리 근육을 사용하므로, 다리에서 심장까지 혈액이 밀려 올라가 혈액순환이 좋아진다.

결론적으로 걷기는 뇌를 활성화해 좋아지게 한다. 활성화란 산소 섭취량이 증가하고 혈액순환이 좋아져 산소가 뇌에 골고루 퍼지는 것이다. 손과 발을 움직이며 뇌를 사용하는 것도 뇌 활성화를 촉진한다. 실제로 손이나 발을 사용하면 뇌의 신경세포가 자극을 받아, 연장된 시냅스가 다른 신경세포와 연결되면서 새로운 신경 회로를 만들어낸다. 이것이 바로 걸으면 뇌가 좋아지는 직접적인 이유다.

뇌과학의 관점에서 '머리가 좋다'는 것은 뇌 안에 신경세포가 풍부하고 신경 길이 잘 연결된 상태를 말한다. 갓난아이는 신경세포의 수가 굉장히 많은 반면, 신경 회로는 매우 엉성하다. 그러나 나이를 한 살씩 먹을 때마다 매일 다양한 자극을 받아들여 놀라운 속도로 확장된다. 그러므로 걷기만으로도 일과 공부의 효율이 올라갈 수 있다.

걷기는 암과 치매에 걸릴 위험도 줄여준다. 절대 걸리지 않는다고 단정하기는 어렵지만, 발병 위험은 분명히 감소하며 수명도 연장된다.

걷기는 스트레스와 문명병에 대한 처방전이다.

세계보건기구(WHO) 보고서에 따르면, 현대 질병의 70% 이상이 스트레스와 관련 있다고 한다. 고혈압, 당뇨, 위장병, 심지어 암까지도 스트레스에 큰 영향을 받는다. 실제로 암 환자들을 보면 공통점이 있다. 몸이 무리할 정도로 바쁘게 살았거나, 슬픔, 분노, 걱정 같은 감정을 오랫동안 쌓아둔 경우가 많다. 암은 '무리한 생활에서 오는 병'이라고도 말한다. 밤낮없이 일하고 제대로 쉬지 못하고 늘 마음이 불안한 상태가 이어지면, 몸속 면역 시스템이 무너지고 작은 이상들이 병으로 이어지는 것이다.

현대 의학은 증상을 완화하는 데에는 탁월하지만, 약으로 일시적인 증상만 억누르는 것과 근본 원인을 해결하는 것은 전혀 다르다. 스트레스를 계속 받으면서 약만 먹는 것은 마치 밑 빠진 독에 계속 물을 붓는 것과 같다. 병을 뿌리부터 치유하려면 생활 방식을 바꾸는 것이 가장 우선이다. 그 첫 번째가 바로 걷기다. 걷기만 해도 몸과 마음의 균형이 회복되고, 뇌는 다시 활력을 되찾아 뇌 안의 구조 자체가 바뀌게 된다.

우리가 손을 움직이거나 발을 내딛는 동작은 뇌에서 시작된다. 움직인다는 건 곧 뇌를 쓰는 것이다. 이때 뇌 속 신경세포들이 자극을 받고, 이 신경세포들을 이어주는 다리인 시냅스가 활발하게 활동하며 뇌 속에 새로운 길, 새로운 회로를 만들어낸다. 특히 걷기를 통해 자극을 받는 전두엽은 기억력, 판단력, 감정 조절 등을 담당하는 중요한 부위다. 이 전두엽이 활성화되면 생각이 명확해지고 판단력이 좋아지며 감정의 기복도 줄어든다.

걷기는 단지 발을 옮기는 행위가 아니다. 내 머릿속에서 새로운 회로를 만들어내는 '창조의 운동'이다.

걷기는 최고의 예방이자 필수이다.

건강의 문제는 식사와 운동이다. 그렇다면 식사와 운동 중 어느 쪽이 먼저일까? 둘 다 중요하지만, 몸을 움직이지 않으면 배가 고파질 일도 없다. 아무리 균형 잡힌 식사를 해도 칼로리를 소비하지 않으면 영양 과다에 빠지기 쉽다. 그러니 몸은 우선 움직이고 걸어야 한다.

요양 보호의 대상이 되는 가장 큰 원인은 뇌졸중이고, 그 다음이 치매다. 뇌졸중은 노화된 혈관의 동맥경화가 진행되면서 발생하는 질병이고, 혈관 노화는 나이도 원인이지만 고혈압, 당뇨병, 고지혈증, 비만 등 걷지 않아서 발생하는 질병 때문에 더욱 심해진다. 치매 역시 평소에 부지런히 걷는 사람보다 잘 걷지 않는 사람이 걸리기 쉽다. 즉, 요양 보호가 필요한 두 질병은 걷기로 예방할 수 있다. 이것은 곧 건강한 장수란 '마지막까지 걷는 것'이라는 뜻이다.

아프지 않고 백세까지 살고 싶다면 걷기가 답이다. 평균 수명이 늘어나며 이제는 백세 시대를 눈앞에 두고 있다. 오래 사는 것보다 더 중요한 것은 '건강하게 오래 사는 것'이다. 잘 걸으면 신체 기관이 젊어 지고 수명이 연장된다.

걷기는 정말이지 좋은 점밖에 없다. 모든 병을 이길 강력한 힘은 걷기에서 시작된다. 걷기가 건강에 좋다는 사실을 알면서도 실천하지

앓는 사람이 많은 이유는 걷기가 얼마나 중요한지 모르기 때문이다. 막연히 좋다고는 생각하지만 걸어서 병이 낫는다고는 믿지 않는 것이다. 최근 고령층이 증가하며 의료비와 간병비가 심각한 사회적 문제로 떠오르고 있지만, 모두가 걸으면 이러한 부담은 절반으로 줄어들 것이다. 모든 병을 이기는 강력한 힘, 그 시작은 걷기이다.

체온 1도의 기적

요즘 현대인들은 체온 1도의 경계선에 서 있다. 정상 체온은 36.5°C 이다. 그러나 요즘은 체온이 36°C 이하인 저체온인 사람이 늘고 있다. 체온이 1°C만 높아지면 면역력이 5배나 올라가지만, 1°C 떨어지면 면역력이 30% 감소하며 여러 질병을 유발한다.

겉으로 보기엔 별 차이가 없어 보이는 체온 1°C. 그러나 이 작은 변화가 몸속에서는 엄청난 파장을 일으킨다. 체온은 우리 몸의 대사, 효소 작용, 면역력, 호르몬 균형과 직결되어 있기 때문이다. 체온이 조금만 떨어져도 세포와 장기의 활력이 급격히 낮아진다.

체온이 올라가면 가장 먼저 혈액순환이 좋아진다. 혈류량이 증가하면 몸을 구성하는 세포에 충분한 산소와 영양이 공급되어, 같은 운동량으로도 근육 회복이 원활하게 이루어진다. 체온 1°C 상승은 뼈를 튼튼하게 하고 골다공증을 예방할 수 있다. 몸뿐 아니라 뇌의 혈액순환도 좋아져 두뇌 활동이 촉진된다. 체온이 오르면 내장 지방이 빠지기 좋은 환경이 되고, 변비나 대장암 예방에도 효과가 있다. 심지어 기억력 감퇴와 치매를 방지하고 세포를 젊게 만들어 노화를 막아준다.

하루에 한 번, 체온을 1°C 올리는 가장 효과적인 방법은 걷기다. 체온 1°C가 인간의 삶을 결정하는 것이다.

체온과 면역력, 그리고 질병

우리 몸의 마법사라 불리는 효소는 생명 유지에 필수적인 촉매 역할을 한다. 음식물 소화부터 에너지 생성, 근육 수축, 신경 기능 조절까지 수많은 생화학 반응이 효소 없이는 제대로 이루어질 수 없다. 사람의 몸은 효소라는 작은 공장들이 돌아가며 유지되는데, 이 효소들이 가장 활발히 움직이는 최적의 조건은 바로 36.5°C다. 그런데 체온이 1°C 떨어져 35.5°C가 되면 효소 활동이 50% 이상 둔화된다.

체온이 낮아지면 백혈구의 활동성도 현저히 떨어진다. 우리 몸속 면역의 최전선에서 싸우는 백혈구는 36.5°C에서 가장 활발히 움직인다. 그러나 체온이 35°C로 떨어지면 백혈구의 이동 속도와 병원균 탐지 능력이 절반 가까이 떨어진다.

국립암센터 연구에 따르면 암세포는 저체온에서 더 빠르게 증식한다. 암세포가 좋아하는 온도는 약 35°C인 반면, 37°C 이상에서는 암

세포의 성장 속도가 급격히 떨어진다. 저체온 상태가 지속되면 혈액 순환이 원활하지 않아 산소 공급이 줄어들고, 저산소 환경에서 암세포가 활성화되는 악순환이 생긴다. 반대로 체온을 올리면 혈류가 좋아지고 면역 세포가 활성화되어 암세포를 억제하는 환경이 조성된다.

 하버드 의대 연구진은 장을 '제2의 뇌'라고 했다. 장이 먹고 소화하는 것 이상의 역할을 하기 때문이다. 우리 몸 면역세포의 70~80%가 장 속에 집중되어 있다. 그런데 문제는 체온이 떨어지면 장 건강이 가장 먼저 무너진다는 것이다. 장은 따뜻한 환경에서 가장 활발히 움직인다. 장 온도가 1°C만 떨어져도 장내 세균 균형이 무너지고 면역 세포의 활동이 크게 둔화된다. 반대로 장 온도가 올라가면 장운동이 활발해지고 면역력이 강화된다. 우리 장에는 약 100조 개의 장내 미생물이 살고 있는데, 체온이 낮아지면 유익균은 줄어들고 유해균이 늘어나는 경향을 보인다.

체온을 올리는 가장 좋은 방법은 근육 단련이다.

 저체온의 가장 큰 원인은 스트레스다. 현대인들은 신체적, 정신적, 환경적으로 만성적인 스트레스에 시달리고 있으며, 저체온인 사람들이 특히 그렇다. 우리 몸을 스트레스로부터 지켜주는 또 하나의 기능은 호르몬의 균형이다.

 그렇다면 우리가 체온을 올리는 데 가장 좋은 방법은 무엇일까? 결론부터 말하면 그것은 근육을 단련하는 것이다. 근육은 우리 몸에서 가장 열을 많이 만들어내는 기관이다. 그래서 남자가 여자보다 체온이 더 높을 수 있고, 나이 든 사람보다 젊은 사람의 체온이 더 높을 수 있다. 그러므로 근육을 단련하는 것이 매우 중요하다.

 나이 든 사람들에게 걷기는 근육을 단련하는 데 가장 유익한 운동이다. 걷기를 열심히 하면 근육이 빠져나가는 것을 예방하고, 근육이 생성되는 과정에서 체온이 올라가 더 건강하게 살 수 있다.

 50대가 넘으면 병에 쉽게 걸리는데, 그 이유가 바로 근육과 체온의 상관관계에 있다. 근육이 줄고 지방이 늘어나는 몸 상태가 되면 여러 질병에 걸릴 수 있는 직접적인 원인이 된다.

 하루에 한 번 유산소 운동, 특히 걷기를 통해 체온을 올리는 삶을 사는 것은 인간의 삶의 질을 결정하는 중요한 습관이 될 것이다.

근육부자

 어느 날, 연세가 90이신 어머니께 전화가 왔다. "아들~ 나 오늘 보행기 끌고 나가서 걷고 왔어~" 상기된 목소리에는 자랑스러움이 가득했다. "잘했어요! 그렇게 조금이라도 움직이고 걸어야 앞으로 계속 걸을 수 있는 거예요"하고 칭찬해드렸더니, 마치 큰일을 해낸 사람처럼 기뻐하셨다.

근육은 생명의 엔진이다

 우리는 흔히 심장이 멈추면 죽는다고 말한다. 맞는 말이다. 그러나 조금 더 깊이 생각해 보면, 심장이 뛰는 것도, 숨을 쉬는 것도, 음식을 삼키는 것도 모두 근육의 움직임 덕분이다. 근육이 없다면 심장은 피를 내보낼 수 없고, 폐는 숨을 들이마실 수 없으며, 우리는 한 발짝도 내딛을 수 없다. 결국 근육은 우리 몸에서 가장 크고 중요한 생명의 엔진이다.

근육은 크게 세 가지로 나뉜다.

심장근은 이름 그대로 심장을 이루는 근육으로, 평생 단 한순간도 쉬지 않고 박동하며 우리를 살린다.

평활근은 위장, 혈관벽 등에 존재하며, 우리가 의식하지 않아도 스스로 움직여 소화와 혈액순환을 돕는다.

골격근은 팔다리를 움직이고 허리를 세우며 우리가 의지대로 움직일 수 있게 해주는 근육이다. 특히 걷기와 일상생활을 가능하게 하는 것이 바로 골격근이다.

근육의 역할은 단순히 움직임에만 그치지 않는다. 근육은 우리 몸의 대사 공장이다. 먹은 음식을 에너지로 바꾸고 필요할 때 꺼내 쓴다. 또한 근육은 체온을 유지하는 데 중요한 역할을 한다. 추운 날씨에 몸이 덜덜 떨리는 것도 근육이 열을 만들어 체온을 올리려는 생리적 반응이다. 근육이 많을수록 체온이 안정되고, 이는 면역력과 직결된다. '근육이 곧 면역'이라는 말이 괜히 나온 것이 아니다.

근육은 혈당 관리의 창고이기도 하다. 우리가 먹은 탄수화물이 포도당으로 분해되면 혈액을 따라 온몸을 돈다. 이때 근육이 그 포도당을 흡수해 글리코겐 형태로 저장한다. 근육이 많으면 혈당을 안정적으로 유지할 수 있지만, 근육이 적으면 혈당이 쉽게 올라가 당뇨병에 걸리기 쉽다. 나이 들어서 근육을 잃는다는 것은 단순히 힘이 빠지는 문제가 아니라, 당뇨, 심혈관 질환, 고혈압 같은 만성질환의 위

힘이 높아진다는 뜻이다.

근육이 있어야 스스로 화장실에 갈 수 있고, 계단을 오르내릴 수 있으며, 친구와 함께 산책을 즐길 수 있다. 근육이 약해져 누군가의 도움 없이는 움직이지 못한다면, 그것은 단순히 건강을 잃는 것이 아니라 삶의 존엄을 잃는 일이기도 하다. 실제로 요양원에서 생활하는 많은 노인이 가장 힘들어하는 것은 병 그 자체가 아니라, 스스로 움직일 수 없다는 무력감이다.

근육은 나이가 들수록 저절로 줄어든다. 30세 이후부터는 매년 1%씩 근육이 줄어들고, 60세 이후에는 그 속도가 더 빨라진다. 그런데도 대부분의 사람은 늙어가면서 근육의 중요성을 잊고 산다. "나이 들면 원래 힘이 빠지는 거지"라며 당연하게 받아들이지만, 사실 그것은 당연한 일이 아니다. 근육은 관리하면 지킬 수 있고, 훈련하면 되살릴 수 있다. 특히 걷기는 근육을 지키는 가장 기본적이고 확실한 방법이다. 걷기를 통해 하체의 70% 근육이 골고루 사용되고, 척추와 골반을 지탱하는 깊은 속근육인 장요근이 강화된다.

매일 일정한 시간 걷는 것은 단순한 운동이 아니라 근육에 투자하는 최고의 재테크다. 젊을 때 돈을 모아두면 노후에 도움이 되듯, 지금 근육을 모아두는 것이 노후를 지켜주는 가장 확실한 보험이다. 근육이 많다는 것은 단순히 힘이 세다는 의미가 아니다. 그것은 삶의 질, 건강, 자유를 지켜주는 힘이다.

근감소증과 보이지 않는 보물 근육, 장요근

사람들은 늙으면 힘이 빠지는 것을 당연하게 생각한다. 그러나 사실 그 힘이 빠지는 속도는 우리가 상상하는 것보다 훨씬 빠르다. 나이가 들수록 근육은 저절로 줄어들고, 그것을 의학적으로 근감소증이라고 부른다. 근감소증은 단순히 체력 저하가 아니다. 근육이 줄어들면서 몸의 대사 기능이 떨어지고, 균형을 잃어 넘어지기 쉬워지며, 작은 충격에도 골절이 생기고, 결국 독립적인 생활이 불가능해진다. 문제는 이 변화가 눈에 보이지 않게 서서히 진행되지만, 한번 시작되면 속도가 너무 빠르다는 것이다.

근육 감소의 속도를 보여주는 극적인 사례가 바로 입원이다. 병이나 수술로 인해 며칠만 침대에 누워 있어도 근육은 엄청난 속도로 빠져나간다. 의학 연구에 따르면 누워만 있으면 하루에 약 1%씩 근육이 감소할 수도 있다고 한다. 예를 들어 10일 동안 꼼짝 않고 누워 있으면 근육의 10%가 사라지는 것이다. 문제는 한 번 잃은 근육을 되찾으려면 그 몇 배의 시간이 걸린다는 점이다. 어떤 경우에는 아예 회복하지 못하기도 한다. 나이 든 사람들이 병원에 잠깐 입원했다가 퇴원 후 갑자기 기력이 확 떨어지는 이유가 바로 이 근육 손실 때문이다.

근감소증은 특히 하체에서 두드러진다. 하체는 전체 근육의 70%를 차지하는데, 나이가 들수록 활동량이 줄고 오래 앉아 있는 시간이 많아지면서 허벅지와 종아리 근육이 급격히 빠진다. 그래서 나이가 들면 걸을 때 보폭이 짧아지고 계단 오르기가 힘들어지며 쉽게 넘어지게 된다. 하체 근육은 단순히 걷는 힘을 주는 것뿐 아니라 혈액순환 펌프 역할을 한다. 종아리 근육은 '제2의 심장'이라 불리며 피를 심장으로 되돌려 보내는 일을 한다. 이 근육이 약해지면 혈액순환이 원활하지 않아 쉽게 붓고 정맥류 같은 질환도 잘 생긴다.

근육부자: 노후의 진짜 자산은 근육이다.

우리는 흔히 노후 준비를 떠올릴 때 은행 통장에 얼마가 있는지, 연금이 얼마나 나오는지, 집값은 얼마나 되는지를 먼저 생각한다. 물론 경제적 자산은 중요하다. 하지만 정작 더 중요한 자산이 바로 근육 자산이다. 돈이 아무리 많아도 몸을 움직이지 못하면 그 가치를 제대로 누릴 수 없다. 여행을 갈 수도 없고, 맛있는 음식을 먹을 수도 없으며, 사랑하는 가족과 산책을 할 수도 없다. 결국 노년의 진짜 자산은 돈이 아니라 움직일 수 있는 힘, 즉 근육이다. 근육은 단순히 힘을 주는 기관이 아니라 우리의 삶 전반을 지켜주는 보이지 않는 재산이다.

근육을 유지하는 방법은 여러 가지가 있다. 그중 걷기는 단순히 다리만 움직이는 운동이 아니다. 허벅지, 종아리, 엉덩이, 장요근 같은 하체 근육은 물론, 팔을 흔들며 상체의 근육도 함께 사용한다. 심지어 복부와 허리 근육까지 자연스럽게 강화된다. 한 걸음을 내디딜 때마다 온몸의 근육이 협력해 움직이는 것이다. 특히 걷기는 하체 근육의 70%를 고르게 자극한다. 하체 근육은 우리 몸 전체 근육의 대부분을 차지하기 때문에, 걷기를 꾸준히 하는 것만으로도 근육 손실을 효과적으로 막을 수 있다. 그래서 걷기는 단순한 유산소 운동을 넘어 '근육 보호 운동'이라 불린다.

나는 걷기도 열심히 하지만, 틈틈이 헬스장에 가서 근력 운동을 하고 취미로 국궁(활쏘기) 운동을 하며 근육 부자가 되려고 노력한다.

마음근육

우리는 건강을 말할 때 흔히 몸만 떠올린다. 병원에 가면 혈압과 혈당을 재고, 체중과 근육량을 확인하며, 의사들은 늘 운동과 식습관을 강조한다. 그러나 정작 마음의 건강에 대해서는 아무도 묻지 않는다. 몸이 아프면 주저하지 않고 병원을 찾지만, 마음이 아프면 대부분 참고 견디며 스스로 해결하려 한다. '조금 지나면 괜찮아지겠지' 하며 덮어두지만, 그것이 쌓이고 쌓이면 어느 순간 걷잡을 수 없는 상처로 번져 삶 전체를 무너뜨린다.

현대인의 가장 큰 착각 중 하나는 몸과 마음을 분리해서 생각하는 점이다. 몸은 병원에서 치료하고, 마음은 시간이 지나면 회복된다고 믿는다. 그러나 사실 몸과 마음은 서로 밀접하게 연결되어 있다. 마음의 병은 몸의 병으로 이어지고, 몸의 병은 마음을 더욱 약하게 만든다. 그래서 진정한 건강은 몸과 마음이 균형을 이룰 때 비로소 완성된다.

 살다 보면 우리는 누구나 불화살 같은 공격을 당한다. 누군가의 무심한 말 한마디, 직장에서의 불합리한 대우, 가족 안의 갈등은 마음을 무너뜨리는 날카로운 화살이 된다. 어떤 사람은 이런 화살이 날아올 때 대수롭지 않게 넘기지만, 어떤 사람은 며칠 동안 잠을 이루지 못하고 분노와 상처 속에서 지내기도 한다. 같은 상황인데도 이렇게 다른 이유는 바로 마음 근육의 힘 때문이다.

마음 근육은 당신의 정신적 체력

 마음 근육이란 눈에 보이지 않는 정신적 체력이다. 회복탄력성, 인내력, 자기 신뢰, 긍정적 사고가 모두 마음 근육에 속한다. 몸 근육이 있어야 넘어져도 다시 일어날 수 있듯이, 마음 근육이 있어야 시련 앞에서 다시 일어설 수 있다. 그러나 안타깝게도 나이가 들수록 마음은 쉽게 약해진다. 젊을 때는 대수롭지 않게 넘기던 일도 노년이 되면 큰 상처로 다가온다. 외로움, 상실감, 건강의 불안, 관계의 단절이 겹치면서 마음은 점점 더 연약해지고 작은 일에도 무너지는 자신을 발견하게 된다.

 마음 근육은 선천적으로 타고나는 것이 아니다. 물론 타고난 성격이 영향을 주기도 하지만, 더 중요한 것은 후천적인 훈련이다. 몸 근육이 운동으로 자라듯, 마음 근육도 반복적인 훈련과 경험으로 자란다. 긍정적인 태도, 감사하는 습관, 걷기와 같은 작은 실천들이 마음 근육을 서서히 단단하게 만든다. 특히 마음 근육은 나이와 관계없이 언제든 단련할 수 있다. 오히려 나이가 들수록 더 필요하다. 젊을 때는 체력과 사회적 네트워크가 버팀목이 되어주지만, 나이가 들면 몸이 약해지고 관계도 줄어들며 상실과 외로움이 더 크게 다가온다. 이때 마음 근육이 없다면 작은 일에도 쉽게 무너져 버린다. 반대로 마음 근육이 튼튼한 사람은 외로움 속에서도 삶의 의미를 발견하고 병마 속에서도 감사할 이유를 찾아낸다. 결국 마음 근육이야 말로 건강한 노후와 행복한 100세 시대를 살아가는 선택이 아니라 필수다.

 마음이 약해지는 이유는 결국 외부 환경의 변화와 내부 회복력의 약화가 맞물려 나타나는 현상이다. 그렇기 때문에 단순히 "마음을 강하게 가져야 한다"는 말로는 해결할 수 없다. 몸에 근육을 붙이려면 운동을 하듯, 마음 근육도 의도적으로 훈련해야 한다. 외로움을 이기는 대화의 습관, 상실을 극복하는 감사의 마음, 신체 약화를 보완하는 걷기 운동, 그리고 비교 대신 자신을 받아들이는 연습이 필요하다. 실제로 심리학 연구에서도 회복탄력성이 높은 사람들은 실패 이후 더 빠르게 새로운 기회를 찾고 더 깊은 인간관계를 맺는다고 한다. 다시 말해 마음 근육은 고통을 없애는 것이 아니라, 고통을 자양분으로 바꾸는 능력이다.

100세 시대의 진짜 힘, 마음 근육

이제는 100세 인생이 더 이상 특별하지 않은 시대가 되었다. 기대수명은 점점 늘어나고 의료기술은 발달하며 영양 상태도 좋아져서 오래 사는 것이 당연한 흐름이 되었다. 하지만 오래 사는 것이 곧 행복을 보장하지는 않는다. 오래 살아도 외롭고 아프고 무기력하다면 그것은 축복이 아니라 고통일 수 있다. 결국 100세 시대를 진짜 인생으로 살아가는 힘은 몸 근육과 마음 근육의 조화에서 시작된다.

마음 근육은 나만을 위한 것이 아니다. 마음이 튼튼한 사람은 가족과 친구, 이웃에게도 힘을 준다. 나는 5년의 투병 생활과 사업 부도로 힘든 시간을 겪었을 때, 몸은 물론이고 마음까지 무너져 내렸다. 그 시절 만약 내 마음이 조금만 더 약했다면 아마 끝까지 버티지 못했을지도 모른다. 그러나 나에게 마음 근육이 있었기에 병을 이겨내고 힘든 시간을 견디며 지금처럼 살아갈 수 있게 되었다.

100세 시대를 살아가는 우리에게 몸은 시간이 지나면 늙고 쇠하지만, 마음 근육은 훈련하면 나이가 들어도 여전히 단단해질 수 있다. 마음 근육은 인생의 무게를 버티는 보이지 않는 힘이다. 이 힘이 없으면 작은 고통에도 쉽게 쓰러지지만, 이 힘이 있으면 큰 시련 속에서도 다시 일어설 수 있다. 꾸준히 단련해야 하고 작은 습관 속에서 차곡차곡 쌓아 올려야 한다. 걷기, 감사 생활, 대화, 독서 같은 일상 속 훈련들이 마음을 강하게 만들 수 있다. 나 역시 인생의 깊은 골짜기를 지나며 마음 근육의 소중함을 깨달은 사람이다.

100세 시대를 웃으며 살아갈 힘은 결국 우리 안에 있다. 그 힘은 보이지 않지만 우리를 끝까지 지탱해줄 마음 근육이다.

신랑 걷기 각시호르몬

걷는 순간, 우리 몸의 호르몬 공장이 깨어난다.

나이가 들수록 우리 몸의 호르몬 분비는 서서히 줄어든다. 30대를 지나 40대, 50대를 거쳐 60대가 되면 성장호르몬, 성호르몬, 면역 호르몬 모두 현저히 감소한다. 문제는 호르몬이 줄어드는 속도보다 노화가 더 빠르게 찾아온다는 것이다.

그런데 걷기는 마치 오래 멈춰 있던 호르몬 공장에 스위치를 켜는 것과 같다. 한 걸음을 떼는 순간 몸은 즉시 반응하고 머리부터 발끝까지 놀라운 변화가 시작된다. 걷기를 시작하면 심장이 조금 더 빨리 뛰고 폐가 공기를 깊게 들이마시며 산소를 온몸으로 공급한다. 이 과정에서 뇌와 근육은 움직임 신호를 받고 호르몬 분비를 늘리기 시작한다.

우리 몸 안에는 수많은 '호르몬'이라는 작은 친구들이 일하고 있다. 호르몬은 몸의 여러 기관에 지시를 보내는 '메신저' 같은 존재다. 덕분에 우리는 웃고, 잠도 잘 자고, 밥도 맛있게 먹으며 건강을 유지할 수 있다. 그런데 세월이 흐르면서 호르몬 분비가 줄어들고 균형도 깨지기 쉽다. 하지만 다행히도 걷기를 통해 이 고마운 친구들을 다시 활발히 움직이게 할 수 있다.

걷기는 가장 강력한 천연 치료제이다.

20대 청년의 몸은 호르몬 종합 선물세트와 같다. 하지만 60세가 되면 성장호르몬은 20대의 25% 수준으로 떨어지고 성호르몬은 50% 이하로 감소한다. 이 때문에 체중은 쉽게 늘고 근육은 줄며 기분은 쉽게 가라앉고 면역력은 급격히 약해진다. 특히 시니어에게 세로토닌과 도파민의 부족은 우울증, 무기력증, 기억력 저하를 일으키는 주범이다. 하지만 걷기는 이런 호르몬의 분비를 자연스럽게 회복시킨다. 약을 먹는 대신 매일 30분 이상씩 걸으면 우울증 약보다 강력한 효과를 볼 수 있다는 연구 결과도 있다.

나이가 들수록 몸은 서서히 기능을 잃어간다. 예전에는 쉽게 낫던 감기가 오래가고, 작은 상처도 잘 아물지 않으며, 힘이 나지 않는다. 많은 사람이 이 모든 것을 노화 탓으로 돌리지만, 진짜 원인은 호르몬의 불균형에 있다. 호르몬은 우리 몸속에 보이지 않는 의사다. 세포 하나하나에 정확한 명령을 내려 회복을 돕고, 에너지를 만들고,

면역력을 조절한다. 문제는 나이가 들수록 이 보이지 않는 의사들이 점점 쉬게 된다는 사실이다. 그런데 걷기는 바로 이 잠든 의사들을 깨우는 가장 쉬운 방법이다. 걷는 순간 우리 몸의 호르몬 종합 세트가 한꺼번에 활성화되며 놀라운 치유가 시작된다.

 걷기를 통해 분비되는 호르몬은 그 자체로 천연 치료제다. 예를 들어, 관절염 통증 때문에 진통제를 복용하는 사람들이 많지만 엔도르핀이 충분히 분비되면 약을 줄일 수 있다. 실제로 하루 30분 이상 걷는 그룹은 진통제 사용량이 평균 30% 이상 감소한 것으로 보고됐다. 우울증 약보다 걷기가 더 효과적인 경우도 있다. 세로토닌과 도파민 분비가 늘어나면 기분이 밝아지고, 약을 복용하지 않아도 스스로 회복할 수 있는 힘이 생긴다. 걷기는 몸속에서 자연산 약을 만드는 가장 좋은 방법인 셈이다.

 장수 마을로 유명한 일본 오키나와의 백세 노인들을 연구한 결과, 공통점이 있었다. 호르몬 균형이 뛰어나고 스트레스 호르몬이 낮다는 사실이다. 특히 세로토닌과 옥시토신 수치가 높았고, 인슐린과 코르티솔은 안정적이었다. 호르몬 균형이 깨지면 노화 속도는 급격히 빨라진다. 세로토닌 부족으로 우울증이 오고, 성장호르몬 저하로 근육이 줄어들며, 인슐린 저항성이 커져 당뇨와 심혈관 질환 위험이 커진다. 결국, 호르몬 관리가 곧 장수 관리다.

 나도 5년간의 투병 생활 동안 우울증과 약의 부작용으로 여러 후유증이 있었지만, 열심히 걷기 시작하면서 우울증 약을 끊고 병원에서 처방한 수많은 약들을 서서히 줄이거나 끊을 수 있었다. 그때는 그 이유가 호르몬의 영향이라는 것을 잘 모르고 '열심히 걸으면 몸이 좋아진다'는 일반적인 상식만 갖고 걸었던 것 같다.

걷기는 마치 신랑 같고 호르몬은 각시와 같다. 신랑이 먼저 손을 내밀어 걷기를 시작하면 각시는 기쁘게 춤을 추듯 반응한다. 걷기라는 작은 행동이 몸속에서 수십 개의 호르몬을 깨우고, 그 호르몬들이 다시 우리 몸과 마음을 치료하는 선순환을 만드는 것이다.

Chapter 2.
숨 좀 돌리고 삽시다.

1. 내 인생의 쉼표
2. 셀프 부양시대
3. 약의 두 얼굴
4. 감사와 불평의 경계선
5. 나이 값 하고 살자'
6. 인생의 환절기
7. 중국집 스티커 효력
8. 부모 자식 간 유대 함정
9. 내 나이가 어때서
10. 나 때는 말이야!
11. 자기연민에 빠진 사람들

내 인생의 쉼표

"숨 좀 돌리고 삽시다!" 언젠가 바쁘게 일하는 중에 들려온 어머니의 전화 소리에 나도 모르게 내뱉은 탄식이었다. 성격이 급한 어머니는 뭔가 생각날 때 바로 이야기하지 않으면 잊어버린다고, 오전엔 바쁘니 전화하지 말아 달라는 내 부탁에도 아랑곳하지 않으신다.

나는 평생을 일하며, 가족을 돌보며, 세상의 무게를 짊어진 채 살아왔다. 누구도 대신 살아주지 않는 인생, 치열하게 앞만 보고 달려왔기에 이제는 잠시 멈춰 서서 묻고 싶다. 내 인생의 쉼표는 도대체 언제 일까?

젊은 날에는 시간이 아까워 쉴 틈 없이 달렸고, 중년의 어깨엔 책임과 생계의 무게가 쌓였다. 노년이 되어 여유가 있을 줄 알았는데, 나는 여전히 일을 하고 있고, 부모님을 부양하는 일은 점점 가중되고 있다. 2년 전만 해도 양가 부모님이 가까운 지역에 사셔서 수시로 병원에 모시고 다니고 필요한 것을 채워드려야 했다. 하던 일을 멈추고 본가로, 처가로 가야 했다. 무엇보다 부모님을 부양하는 일이 우선이었다. 아버님은 2년 전에, 장모님은 작년 10월에 소천하셨다. 여기까지 지나고 보니 많은 아쉬움이 남는다. 그래서 지금은 어머니와 장인어른에게 더 마음이 많이 가는 것 같기도 하다. 피할 수 없으면 즐기라고 했던가? 피할 수 없는 일이지만 언제나 즐거운 마음으로만 감당할 수는 없었다.

마음이 쉬어야 인생이 쉰다

 쉬는 것도 중요하지만 정작 중요한 건 마음이 쉬는 것이다. 눈을 감고 누워 있어도 마음이 불안하면 쉬는 게 아니다. 아무 일도 하지 않아도 조급함이 마음을 채우면 쉼이 아니다. 많은 시니어들이 "은퇴했는데도 쉴 수가 없어"라고 말한다. 은퇴하면 여행도 다니고 운동도 하고 취미 생활도 하며 즐겁게 살 줄 알았는데, 막상 은퇴하고 나니 부모님 돌보랴, 손자 돌보랴, 병원 다니랴 마음은 쉬지 못한 채 하루가 어떻게 가는지도 모르겠다고 한다.

 맞다. 진짜 은퇴는 직장에서 나오는 것이 아니라 책임에서 벗어나는 것이다. 그러나 우리는 여전히 누군가의 아버지, 어머니, 남편, 아내, 자식으로 쉼 없이 역할을 감당하며 살아간다. 삶은 여전히 무언가를 끊임없이 요구한다. 자식 걱정, 부모님 걱정, 건강 걱정에 마음이 복잡하고, 경제적으로도 여유가 없으니 일도 다시 해야 한다. 실제로 우리나라 65세 이상 고령층 취업률은 OECD 최상위권이다. 통계청 자료에 따르면 2024년 기준 65세 이상 고령층의 취업률은 약 36.7%라고 한다. 대한민국 노인은 은퇴 이후에도 다시 일터로 나가야 하는 현실에 놓여 있다. 일이 있다는 것은 감사한 일이지만, 문제는 그 일이 여유와 무관하게 생계유지의 수단으로 다시 자리 잡았다는 점이다.

 그만큼 나이 들어서도 쉴 틈 없이 일하며 생계를 이어가야 한다는 뜻이다. 젊은 사람들과 경쟁하듯 살아가야 하는 시니어들의 삶은 결코 한가하지도 여유롭지도 않다. 하지만 그렇기에 더더욱 쉼표를 찍어야 할 때다. 일을 하더라도 예전처럼 치열하게 경쟁하며 쫓기듯 일하는 것이 아니라, 조금은 여유 있는 마음으로 경험을 나누고 의미를 느끼는 방식으로 자신만의 속도로 살아가는 느림의 미학이 필요하다.

 마음이 쉬어야 인생이 쉰다. 얼마나 버느냐 보다 어떻게 쉬느냐가 중요하다. 얼마나 일하느냐 보다 얼마나 여유를 갖느냐가 중요하다. 그 사람의 삶은 얼굴에 나타난다. 마음에 여유가 있는 사람은 얼굴도 평화롭다. 마음에 쉼이 있는 사람은 눈빛이 따뜻하다. 지나온 세월에 감사를 담고, 남은 인생에 쉼표를 찍을 줄 아는 사람만이 진정한 인생의 여유를 누릴 수 있다.

쉼은 기술이 아니라 태도다.

"힘든 일도 안 했는데 왜 이렇게 피곤하지?" 이런 말을 자주 하게 되는 나이가 되었다. 몸은 하루 종일 쉬었는데도 피곤하고, 아무것도 하지 않았는데도 마음이 지친다. 그 이유는 간단하다. 몸은 쉬었지만 마음은 한시도 쉬지 못했기 때문이다. 사람은 단순히 일의 유무로 피로를 느끼는 것이 아니라, 마음속에 쌓인 긴장과 걱정, 불안, 죄책감이 피로의 원인이 되기도 한다. 그래서 진짜 회복은 단순히 누워 있는 것이 아니라 마음의 쉼에서부터 시작되어야 한다.

불안, 후회, 걱정, 자책, 조바심, 외로움…. 몸은 소파에 앉아 있어도 생각은 쉴 틈 없이 뛰고, 염려는 24시간 풀 가동된다. 특히 시니어가 되면 '앞으로의 삶이 얼마나 남았을까?', '내 자식은 잘 살고 있나?', '내가 짐이 되는 건 아닐까?', '남편이나 아내가 아프면 나는 어떡하지?', '내가 먼저 가면 가족은 괜찮을까?'와 같은 수많은 생각이 마음을 지배한다. 그래서 몸은 쉬지만 마음은 한 번도 쉬지 못한 상태로 하루를 보낸다.

쉬는 법을 따로 배운 적이 없는 우리는 나이 들어서도 쉼을 기술로만 생각한다. '어디 좋은 여행지를 다녀오면 좀 나아질까?', '마사지라도 받아야 하나?', 'TV라도 보면서 생각을 끊을 수 있을까?' 하지만 진짜 쉼은 외부 자극이 아니라 내면의 여유다. 마음이 쉰다는 건 더 이상 조급하지 않음을 말한다. 남과 비교하지 않고, 내가 할 수 없는 것에 대해 내려놓고, 지금 이 순간에 집중하는 삶이다.

쉼은 인생을 멈추는 것이 아니라, 인생을 살아가게 해주는 호흡의 순간이다. 숨을 고르고, 마음을 내려놓고, 지금 이 순간에 머무는 연습. 그것이야 말로 삶을 더욱 단단하게 해주는 힘이다: 바쁘게 살아온 시간이 당신의 책임감이었다면, 지금부터 시간은 당신의 선택이다. 누군가를 위해 애쓰던 인생이었다면, 이제는 당신 자신을 위해서도 살아야 할 시간이다.

그래서 나는 걷는 게 좋다. 걷는 동안에는 나와의 대화를 할 수 있고, 나에게 수고했다고 위로해 줄 수 있다. 그렇게 걷다 보면 하루의 스트레스가 다 풀린다. "그러니까, 걷자."

이 책을 읽는 동안 한 번쯤은 웃고, 한 번쯤은 멈추고, 한 번쯤은 눈을 감고 '나는 어디에서 쉼표를 찍을 수 있을까?'를 생각해 보았으면 좋겠다.

셀프 부양시대

몇 년 전, 식당에서 로봇이 음식을 배달해주는 것을 보고 깜짝 놀랐다. 이제는 키오스크로 주문하고 음식을 직접 가져오는 '셀프' 문화가 자연스러워졌다. 얼마 전 아내와 식당에서 점심을 먹는데, 나이 든 부부가 주문을 받으러 오기만을 기다리다가 직원이 오지 않자 화를 내는 것을 보았다. 웃음이 나면서도, 과연 이것이 누구의 잘못인지 잠시 생각에 잠겼다.

셀프 시대. 이제는 어디에도 '셀프'라는 말이 적용되지 않는 곳이 없는 것 같다. 옛날에는 마을이 한 가족 같았다. 아이가 아프면 옆집 아주머니가 약을 주고, 노인이 거동이 불편하면 동네 사람들이 부축해 주었다. 그 시절에는 '함께'라는 것이 당연했지만 지금은 다르다. 도시화로 이웃과의 관계는 끊어졌고, 가족은 각자 흩어져 살며 부모와 자녀가 하루에 통화 한 번 하기도 힘든 세상이 되었다. 결혼을 늦추거나 하지 않는 사람들이 늘면서 1인 가구가 급증했다. 통계청 자료에 따르면 2025년 한국의 1인 가구 비율은 전체 가구의 약 35%를 넘는다. 그 중 상당수가 65세 이상 노인이다.

이제는 돌봄조차 개인화되고 있다. 부모 부양은 자녀의 의무가 아니라 선택이 되었고, 국가 복지 제도도 모든 사람을 충분히 감당하지 못하는 상황이다. 요양 시설은 대기자 명단이 길고 비용도 만만치 않다. 게다가 평균 수명은 길어졌지만 건강 수명은 짧아져 70세 이후 10년 이상을 질병과 함께 보내는 경우가 많다. 이런 현실에서 '셀프 시대'라는 말은 선택이 아니라 생존 조건이 되었다. 건강 셀프, 경제 셀프, 관계 셀프, 정신 셀프, 돌봄 셀프. 이제 우리는 '누가 해줄 것이다'에서 '내가 한다'로 사고를 전환해야 한다. 그것이 셀프 시대의 첫걸음이다.

셀프 부양, 외롭지 않은 자유

이제는 자식이 부모를 부양하던 시대가 지나가고 있다. 우리는 스스로를 돌보는 셀프 부양 시대를 살아가야 한다. 기대 수명은 늘어났지만 자녀에게 의지하기는 어려워졌고, 노후 준비는 부족한 상황이다. 고령화는 개인의 문제를 넘어 사회 전체의 문제로 확장되고 있다.

노모를 돌보는 아들로서, 사업가와 걷기 강사로서, 그리고 한 명의 노인으로서 나는 매일 셀프 부양의 시대를 실감한다. 셀프 부양은 단순히 혼자 사는 것을 의미하지 않는다. 건강을 지키고, 돈을 관리하고, 사람들과 관계를 맺고, 정서적으로 자립하는 전반적인 삶의 태도를 뜻한다. 이제는 누구도 내 노후를 대신 살아줄 수 없다. 내가 나를 돌보지 않으면 아무도 나를 챙겨주지 않는다.

그러나 이 말이 외롭고 슬프게만 들릴 필요는 없다. 오히려 셀프 부양은 자유다. 의존하지 않아도 되고, 눈치 보지 않아도 되며, 내 삶을 내가 계획할 수 있는 힘이기 때문이다. 지금 부터라도 자신의 건강을 위해 걷기를 시작하고, 작은 돈이라도 아껴 쓰고, 나와 잘 맞는 사람들과 관계를 맺고, 오늘 하루를 감사함으로 살아간다면 셀프 부양의 첫걸음을 시작한 것이다. 모든 것을 완벽하게 준비할 필요는 없다. 다만 이제는 내가 나를 지켜야 하는 시대라는 사실을 받아들이는 것이 시작이다. 그 순간부터 우리는 의존에서 자립으로, 무기력에서 활력으로 나아갈 수 있다. 혼자서 살아가야 한다는 현실은 때때로 두렵게 느껴지지만, 그 두려움은 내가 준비할수록 작아진다. 준비하는 사람에게는 삶의 자유함이 주어진다. 나이 들어가는 일이 더 이상 두렵지 않다. 준비된 사람에게 노년은 새로운 자유의 인생이 시작된다. 오래 사는 것보다 더 중요한 건 어떻게 살 것인가이다.

나이가 들면 무엇보다 중요한 것이 건강이다. 돈이 아무리 많아도 병원 침대에서 지내는 인생은 결코 행복하지 않다. 반대로 돈이 조금 부족해도 몸이 건강하면 삶의 질은 높아진다. 걸을 수 있는 것은 곧 자유이다. 혼자 걸을 수 있다는 것은 스스로를 돌볼 수 있다는 뜻이며, 그 자체로 셀프 부양의 가장 중요한 기초가 된다.

외로움을 이기는 관계 맺기

사람은 누구나 나이가 들수록 주변 사람이 줄어든다. 직장에서 은퇴하고, 자식은 멀리 살고, 배우자와 사별하거나 친구들이 하나둘 떠나고 나면 하루 종일 말 한마디 안 하고 지내는 날도 생긴다. TV를 친구 삼고 스마트폰만 들여다보는 생활은 쉽게 마음을 병들게 한다. 외로움은 우울로, 우울은 무기력으로, 무기력은 병으로 이어지기 쉽다. 그래서 외로움을 이기는 관계 맺기는 건강만큼이나 중요한 노후 전략이다.

가장 자연스럽게 관계를 맺는 방법이 바로 함께 걷는 것이다. 걷는 동안 서로의 걸음 속에서 대화를 나누면 마음이 열리고 친해질 수 있다.

한국은 전 세계에서 고령화 속도가 가장 빠른 나라다. 평균 기대 수명은 83세를 넘었지만, 노인 빈곤율은 OECD 국가 중 가장 높다. 이 말은 우리가 앞으로 살게 될 20~30년의 노년기가 경제, 건강, 관계, 돌봄 모든 면에서 스스로를 지키는 시대가 될 것임을 뜻한다.

셀프 부양이라는 말은 어쩌면 조금 냉정하게 들릴 수 있다. '결국 혼자 살아가야 한다는 건가?' 하는 불안이 생기기 쉽다. 그러나 중요한 것은 '혼자 살아야 한다'가 아니라 '혼자서도 살아갈 수 있는 힘을 기르는 것'이다. 두려움은 준비가 없을 때 커지고, 준비가 있을 때는 줄어든다. 준비 없이 맞이하는 노후는 쉽게 무너질 수 있지만, 준비된 노후는 오히려 새로운 자유와 평안을 준다. 셀프 부양 시대는 더 이상 미래의 이야기가 아니다. 이미 우리는 그 한가운데 있다. 지금 부터라도 마음을 단단히 하고 작은 준비를 시작하는 것, 그것이 앞으로의 인생을 지키는 유일한 길이다.

 나이 들수록 건강은 남이 챙겨주는 것이 아니다. 가족이 아무리 사랑해도, 의사가 아무리 열심히 치료해도 결국 내 몸을 움직이는 건 내 의지이다. 그 중에서도 걷기는 가장 기본적이면서도 강력한 건강 셀프 방법이다.

 내 어릴 적 친구가 교사였는데, 야근 후 밤늦게 퇴근하려다 숨이 가빠 몸에 이상을 느껴 119 구급차를 부른 뒤 가족에게 전화하고 의식을 잃고 쓰러졌다. 20년이 지난 지금까지 몸을 움직이지 못하는 뇌사 상태에 있다. 한 번은 친구의 어머니를 걷다가 만났는데, 아침저녁으로 매일같이 열심히 걷는다고 하셨다. 그 이유를 물었더니 아들을 간호하려면 엄마인 자신이 건강해야 한다고 하셨다. 그 말을 듣고 마음이 아팠다. 부모이든 자녀이든, 자신이든 가족 중에 누군가 아프면 가족 모두가 아픈 것처럼 힘들 수밖에 없다. 그래서 나는 걷기 강의를 할 때마다 걷기는 사람을 살리고 자신을 지키는 가장 중요한 신의 선물이라고 말한다. 함께 걷기는 모두를 살리는 축복이다.

 스스로의 삶을 지킬 수 있는 것은 걷기에서부터 시작한다. 셀프 부양 시대에 나를 지킬 수 있는 것은 걷기다. "그러니까, 걷자."

약의 두 얼굴

"약은 독이 되기도 한다." 이 말은 단순한 경고문이 아니다. 지금 우리 사회는 약으로 병을 고치는 것이 아니라, 약 때문에 새로운 병을 얻는 사람이 늘고 있다. 특히 노인들은 평균 5~10가지 이상의 약을 하루에도 수차례 복용한다. 혈압약, 당뇨약, 고지혈증약, 위장약, 신경 안정제, 진통제… 이 약들 중 일부는 실제 필요하지 않거나 서로 부작용을 일으켜 새로운 병을 유발하기도 한다. 그런데 이상한 일이 벌어진다. 어지럽다고 하면 또 다른 약이 추가되고, 손발이 저리면 순환제가 더해지고, 수면 장애가 생기면 수면제가 처방된다. 이렇게 약이 약을 부르는 연쇄 처방의 고리는 끊이지 않는다. 우리는 과연 약을 잘 먹고 있는 것일까? 아니면 약에 지배당하고 있는 것일까?

사람들은 약을 먹으면 나을 거라고 믿는다. 하지만 우리가 간과하고 있는 사실이 있다. 약은 증상을 완화시키는 도구일 뿐, 병의 원인을 제거하지는 않는다. 혈압약은 혈압을 낮춰줄 뿐이고, 통증약은 통증을 잠시 덮어줄 뿐이다. 문제의 뿌리는 그대로 남아 있다. 더구나 모든 약에는 부작용이 있다. 간이나 신장에 부담을 주기도 하고, 위장을 자극하거나 멍한 정신 상태를 만들기도 한다. 약을 오래 먹을수록 우리 몸은 그것에 의존하고 내성도 생겨 약 없이 버티기 힘들어지는데, 이쯤 되면 약은 '치료제'라기보다는 '의존제'가 된다.

특히 노인들은 여러 질환을 동시에 앓고 있는 경우가 많다. 병이 많다는 건 약도 많다는 뜻이다. 병 하나에 약 하나가 아니라, 병 하나에 약 세 개, 그 약의 부작용을 막기 위한 또 다른 약 세 개. 이렇게 약이 꼬리를 문다. 그럼에도 불구하고 많은 사람은 '이 약 정말 꼭 필요한가?', '이 약은 언제까지 먹어야 하는가?', '약을 끊을 수는 없을까?'라고 묻지 않는다. 우리는 의료진에게 너무 많은 권한을 위임했고, 스스로 생각하고 결정하는 책임을 잃었다. 그 결과 건강은 더 좋아지지 않았고, 병원과 약국을 더 자주 찾는 삶이 되었다.

이제는 질문해야 할 때다. 약이 나를 살리는가? 아니면 약이 나를 병들게 하는가?

연쇄 처방은 처방을 잘못해서 생기는 문제가 아니다. 원인을 직면하지 않고 증상을 덮는 방식이 만든 구조적 오류다. 그 결과 우리는 몸이 낫지 않아 계속 약을 먹게 되고, 약 때문에 아픈지도 모른 채 또 약을 복용하고, 약 때문에 지쳐가면서도 약 없이는 못 사는 상태에 빠진다. 국민 절반 이상의 환자가 경험한 외래 진료 평균 시간은 5분 이내라고 한다. 환자가 자신의 증상을 의사에게 말할 수 있는 시간에도 턱없이 부족한 시간이다.

약은 또 다른 병을 만든다

 현대 의료는 증상 중심이다. 아프다고 말하면 거기에 맞는 약을 준다. 어떤 약이 왜 그런 증상을 유발했는지를 따지기보다 당장의 불편을 제거하는 것에 집중한다. 그것은 불을 끄지 않고 연기를 없애려는 것과 같다. 문제가 해결되지 않아 연기는 계속 새어나온다.

 "약 먹고 나서 더 안 좋아졌어요." 많은 사람이 겪지만 쉽게 말하지 못하는 현상이다. 병을 치료하러 간 병원에서 받은 약을 먹고 오히려 몸이 더 이상해지고, 새로운 증상이 생기고, 때로는 전혀 예상치 못한 통증이나 불편함이 찾아올 수 있다. 우리는 이를 '부작용'이라 부른다. 부작용은 말 그대로 주된 약효 이외의 작용을 뜻하지만, 그 뉘앙스는 별것 아닌 것처럼 가볍게 생각하기 쉽다. 그러나 현실에서 부작용은 결코 가볍지 않다. 때로는 치료보다 더 큰 고통을 불러오고, 어떤 경우에는 생명을 위협하기도 한다.

 예를 들어, 고혈압약을 먹고 어지럼증을 느끼는 경우가 있다. 이는 혈압이 너무 급격하게 떨어지거나 약이 뇌로 가는 혈류에 영향을 주는 등의 이유로 발생한다. 그런데 많은 노인들은 어지러움을 '나이 들어서 그런가 보다'고 넘어가기 쉽다. 하지만 이는 약에 의한 명백

한 부작용일 수 있다. 또 다른 예로 항생제를 먹고 복통이나 설사를 경험하는 경우가 있다. 장내 유익균까지 함께 죽이기 때문이다. 위장약을 오래 복용하면 위산이 줄어들어 세균 감염 위험이 높아지고, 진통제를 자주 먹으면 위 출혈, 신장 손상 등이 일어날 수 있다. 약 하나가 또 다른 병의 원인이 되는 것이다.

특히 고령자에게는 부작용의 위험이 더 크다. 이유는 명확하다. 나이가 들면 간과 신장의 기능이 저하되어 약물이 체내에 오래 머무르게 되고, 체중 감소와 근육량 감소로 인해 약물이 더 강하게 작용할 수 있기 때문이다. 또한 인지 기능이 떨어져 약을 잘못 복용할 가능성도 높아진다. 하지만 많은 노인이 약을 먹고 몸이 이상 해졌다고 느껴도 그것이 약 때문이라고 생각하지 못한다. 대부분 '나이 들어서 그렇다', '기력이 떨어져서 그런가 보다', '새로운 병이 생겼나'고 생각하고, 그러면 의사는 또 다른 약을 처방하고 부작용은 진단되지 않은 채 쌓여만 간다.

그렇다면 왜 우리는 부작용을 사소하게 여길까?

첫째, 약에 대한 지나친 신뢰 때문이다. 약은 몸을 낫게 해주는 좋은 것이라는 인식이 강해 그 이면의 위험성은 간과하기 쉽다.

둘째, 의료진과의 소통 부재 때문이다. 약을 처방받을 때 의사나 약사에게 '약의 부작용은 뭔가요?'라고 묻는 경우는 드물다. 설명을 들어도 복잡하고 어렵게 들릴 때가 많고, 그냥 '드세요'라는 말로 넘어가기도 한다.

셋째, 대안이 없다는 무력감이다. '약 말고는 방법이 없잖아요'하고 생각하면 부작용을 감수 하고서라도 먹을 수밖에 없다. 하지만 정말 그럴까?

병보다 약이 더 무서운 시대

 약은 정말 좋은 도구다. 하지만 도구는 사용 방법을 잘 모르면 삶을 편하게 하는 게 아니라 위태롭게 만든다. 연쇄 처방은 약의 유익함을 스스로 갉아먹는 위험한 길이다. 약을 쫓다 보면 결국 병보다 약에 더 시달리게 되는 현실을 마주하게 된다. 우리는 이제 고통을 없애기 위해 또 다른 고통을 덧붙이는 연쇄를 끊어야 한다.

 어떤 약은 더 이상 복용할 필요가 없는데도 계속 먹고 있을 수 있고, 어떤 약은 부작용이 더 큰데도 아무도 중단을 권하지 않는다. 어떤 약은 비슷한 효능의 약이 중복되어 몸에 부담만 줄 뿐이다. 이처럼 불필요한 약이 쌓이고 쌓이면 어느 순간 몸은 약에 잠식당한다. 약이 병을 고치는 것이 아니라 병을 만드는 아이러니가 시작된다.

 우리의 몸은 약으로 사는 것이 아니라, 스스로 회복할 수 있는 능력을 회복함으로써 살아난다. 약을 줄이는 것은 내 몸의 회복력을 믿고 움직이는 용기다.

 "병보다 약이 더 무서운 시대." 약을 먹다가 죽는 사람이 병 때문에 죽는 사람보다 더 많아지고 있다는 말이 있다. 이 말이 과장처럼 들릴지 모르지만, 점점 현실이 되고 있다. 약은 병을 치료하기 위한 도구였으나, 어느 순간부터 병보다 더 큰 두려움의 대상이 되고 있다. 현대 의료는 눈부시게 발전했지만, 그만큼 약에 의존하는 구조도 가파르게 증가했다. 이제 우리는 약이 없으면 불안하고 약을 끊는 건 위험하다고 느낀다. 하지만 약을 복용하면서 생기는 부작용, 약물 중독, 인지 기능 저하, 낙상 사고, 간, 신장 손상 등을 고려하면 단순히 '병보다 약이 낫다'는 생각은 더 이상 안전하지 않다.

"병 주고 약 준다"는 말은 원래 해를 끼친 후 마치 도와주는 척한다는 부정적인 의미로 쓰이지만, 오늘날 의료 현실에 빗대어 보면 약이 병을 고치기보다 새로운 병을 만들고 그 병을 다시 약으로 돕는 현실을 통찰하는 강력한 메시지가 될 수 있다.

나는 40대 중반에 대장암 4기 판정을 받고 5년의 투병 생활 동안 수많은 약의 부작용을 경험했기 때문에 웬만큼 아파서는 약을 먹지 않는다. 감기도 약을 먹어도 일주일, 약을 먹지 않아도 일주일이면 낫는다는 말이 있다. 약을 먹지 않아도 나을 수 있는 가벼운 병들도 많은 사람이 약을 먹고 약 때문에 나았다고 생각한다. 이것이 현대인들이 약을 너무 가볍게 생각하는 오류다. 약은 강력한 화학 물질이라는 사실을 잊지 말자.

이 책은 단순히 약을 부정하거나 두려워하라는 것이 아니다. 약은 필요하다. 하지만 약에 의지하지 않고도 살아갈 수 있는 몸을 회복하는 것이 더 중요하다. 그것이 바로 걷기다! 아플수록, 나이 들수록, 힘들수록, 걸어야 한다. 걸으면 몸도 마음도 회복된다. "그러니까, 걷자." 이제 약을 조절하고 진짜 필요한 약만 선택할 수 있기를 바란다. 이와 같은 작은 변화가 당신의 삶을 더욱 건강하게, 다시 살아 움직이게 할 것이다.

감사와 불평의 경계선

어제는 감사했다. 어머니가 치매 없이 살아 계셔 주심에 감사했고, 보행기를 밀고라도 걸어 다니는 모습을 보고 감사했다. 그런데 오늘 아침, "수도가 고장 났어. 너 와서 봐야겠다"는 어머니의 전화에 나는 순간 짜증이 확 올라왔다. 어제의 감사가 오늘의 불평의 조건이 되어 버린 것이다.

감사와 불평은 시소 같다. 한쪽이 올라가면 다른 쪽은 내려간다. 중심이 흔들리면 기분도, 삶도 휘청거린다. 나이 들수록, 비교할수록, 책임질 일이 많을수록 감사와 불평 사이의 간극은 더 좁아지고 더 쉽게 기울어진다.

살다 보면 감사할 일도 많고 불평할 일도 많다. 다만 중요한 건 똑같은 하루를 누구는 감사의 하루로 기억하고, 누구는 불만뿐인 하루로 기억한다는 것이다. 감사와 불평은 삶의 태도다. 우리는 이 아주 좁은 간극 위를 매일 걷고 있다. 그 작은 차이가 삶을 송두리째 바꾸는 거대한 방향의 차이를 만들어낸다.

사람은 본능적으로 불평을 더 쉽게 한다. 이는 단지 성격 탓이 아니다. 뇌의 구조 때문이다. 우리 뇌는 위험을 감지하고 대비하도록 설계되어 있어, 좋았던 일보다 나빴던 일, 행복했던 순간보다 불편했던 순간을 더 강하게 기억한다. 누군가 우리에게 칭찬을 다섯 번 해줘도 단 한 번의 비판이 더 오래 남는 이유가 바로 이 때문이다. 인간의 뇌는 생존을 위해 부정적인 것에 민감하게 반응한다. 원시 시대에 맹수를 피해 살아야 했던 시절, 긍정보다는 부정에 민감한 것이 생존에 유리했기 때문이다. 하지만 지금 우리는 맹수를 피해 도망치는 시대에 살고 있지 않다. 그럼에도 우리는 여전히 주변에서 문제를 더 잘 찾아내고 불편함에 집중하며 모자람을 느낀다. 그러니 불평은 어느새 습관이 되고 일상이 된다.

말이 인생을 만든다. 말은 그 자체로 에너지다. 감사하는 사람의 말에는 생기가 있고, 불평하는 사람의 말에는 피로가 있다.

감사는 선택이다

하루는 누구에게나 공평하게 주어진다. 감사를 선택하면 하루가 선물처럼 느껴지고, 불평을 선택하면 하루가 고통처럼 느껴진다. 감사하는 하루는 단지 운이 좋아서 주어지는 게 아니다. 그것은 내가 선택한 말, 내가 선택한 시선, 내가 선택한 마음에서 시작된다. 내일은 어떤 하루를 보내고 싶은가? 당신의 말이 당신의 하루를 결정한다.

 몸이 아플 때, 가족이 마음 같지 않을 때, 계획한 일이 어긋났을 때, 우리의 입에서는 본능처럼 이런 말이 튀어나온다. "왜 나만 이렇게 힘든 거야?", "왜 나한테만 이런 일이 생기지?", "내가 뭘 잘못했길래 이런 고생을 해야 해?" 이 말은 자연스럽지만, 그 말이 만들어내는 감정은 결국 고립이다. 마음이 닫히고 원망이 생기며 삶이 막히는 느낌을 받는다. 그런데 그 상황에서 이렇게 말해보면 어떨까? "그래도 이 정도여서 다행이다." "이런 상황 속에서 내가 감당할 수 있어서 감사하다." "이런 일로 내 마음이 더 깊어지고 더 단단해지니 고맙다." 단어 하나 바꿨을 뿐인데 마음이 달라지고, 기분이 달라지고, 주변 사람들을 대하는 태도도 달라진다. 그게 바로 감사와 불평 사이의 1mm 차이다.

 말은 씨앗과 같다. 감사의 말을 심으면 감사의 열매가 열리고, 불평의 말을 심으면 짜증과 실망의 열매가 자란다. 감사하는 삶은 더 좋은 것을 바라는 것이 아니라, 이미 주어진 것을 귀하게 여기는 삶이다. 어느 날 갑자기 걷지 못하게 되면 두 다리의 고마움을 알게 되고, 혼자 밥을 먹게 되면 누군가 함께 해주는 기쁨이 얼마나 컸는지 알게 된다. 우리는 너무 늦게 깨닫기 전에 지금부터 감사하는 눈을 가져야 한다. 불평을 없애야 감사가 생기는 것이 아니다. 감사를 선택할 때 불평이 자연스럽게 줄어든다.

감사하는 삶은 타고나는 것이 아니다. 불평을 줄이는 삶 또한 훈련 없이는 불가능하다. 마치 건강을 위해 매일 걷듯이, 감사의 삶도 매일 의식적인 실천과 연습을 통해 만들어진다. "나는 원래 성격이 그래서 불평이 많은 사람인가 봐," "나이 드니 신경이 예민해지고 예전보다 쉽게 짜증이나." 이런 말들은 일면 공감이 되지만, 그대로 방치하면 불평은 습관이 되고 인생을 잠식한다. 감사는 단지 감정이 아니다. 감사는 삶을 바라보는 기술이고, 불평을 줄이기 위한 의식적 훈련이다. 이 훈련은 나이와 상관없이 누구나 지금 시작할 수 있다.

"나이 먹고 무슨 감사야. 몸도 아프고 친구들도 하나, 둘 떠나고 자식들은 바쁘고 그냥 하루하루 버티는 거지." 이런 말이 익숙해지는 나이가 있다. 세월이 쌓이고, 그 시간 앞에 힘이 빠지고, 인생에 잃어버린 것들이 더 많이 떠오를 때 감사보다는 한숨이 먼저 나온다. 그러나 바로 그때야 말로 감사가 더 절실한 순간이다. 나이 들수록 감사가 필요한 이유는 감사가 없으면 삶은 무거워지고, 외로워지고, 말라가기 때문이다. 감사는 내가 아직 가진 것을 소중히 여기는 선택이다.

감사를 잃은 노년은 자칫하면 날카롭고 딱딱 해지고 닫힌 마음이 된다. 사소한 일에도 예민해지고 세상에 대한 불신과 원망이 쌓이기 쉽다. 하지만 감사하는 사람은 마음이 따뜻하다. 부드럽고 유연하고 여전히 삶의 열린 태도를 유지한다. 삶의 마지막은 누구에게나 온다.

그 시간이 멀게만 느껴지던 순간이 지나고 나면 어느새 우리는 인생의 후반을 걷고 있다는 것을 느낀다. 그때 감사는 삶을 정리하는 최고의 선물이 된다. 억울함보다, 서운함보다, 상처보다 감사로 마무리하는 삶은 자신도 가족도 공동체도 평화롭게 만든다. 자녀에게는 "부족한 부모 밑에서도 잘 커줘서 고맙다", 배우자에게는 "평생 함께해줘서 고맙다", 친구에게는 "내 이야기를 들어줘서 고마웠다", 자신에게는 "열심히 살아줘서 고맙다"고 말하는 것이 마지막 인생의 페이지를 가장 따뜻하고 평화롭게 채워준다. 감사하는 사람은 삶의 끝도 담담히 받아들일 수 있다. 죽음을 두려움으로 여기기보다는 잘 살아왔기에 미련 없이 떠날 수 있음에 감사하게 된다. 그리고 그 감사는 당신의 건강을, 당신의 관계를, 당신의 영혼을 살릴 것이다.

 걷기는 몸을 살리고, 감사는 마음을 살린다. 걷기와 감사는 서로를 돕는 친구처럼 삶을 회복시키는 힘을 준다. 나는 매일 걷기를 할 때 한 발 내디디며 "감사합니다"를, 또 한 발 내디디며 "사랑합니다"를 고백한다. 감사의 기억들을 찾아낸다. 그렇게 40분 이상을 걷고 나면 몸도 마음도 맑아지고 하루가 달라진다. 이처럼 나이 들수록 선택의 여지는 줄어들지만, 태도의 선택은 여전히 우리 손에 있다. 그리고 그 선택이 우리의 마지막을 결정짓는다.

 나는 산티아고 순례길을 걸으며 많은 사람을 만났다. 어떤 사람은 병을 이겨낸 후 감사를 찾기 위해 걷고 있었고, 어떤 사람은 인생의 큰 슬픔을 위로 받기 위해 걷고 있었으며, 다니던 직장을 그만두고 인생의 후반전을 준비하기 위해, 인생의 터닝 포인트를 위해 많은 사람들이 걷고 있었다. 나도 그들과 함께 걸으며 내 깊은 내면으로부터 '감사합니다'를 고백하지 않을 수 없었다.

지금 이 순간 우리는 어떤 삶을 살아왔는지 되돌아볼 수 있다. 무엇을 가졌는지, 어떤 집에 살고 있는지, 얼마나 성공했는지 보다 '나는 어떤 마음으로 살았는가?', '나는 감사하는 사람이었는가?', 아니면 '불평하는 사람이었는가?' 이 질문이 필요하다. 감사는 나이 들수록 더 필요한 마음이다. 몸은 약해지고 시간은 짧아지지만, 감사는 여전히 선택할 수 있고, 나눌 수 있고, 가르칠 수 있다. 감사는 내 인생을 가볍게 할 뿐 아니라 후대에게 물려줄 수 있는 가장 소중한 마음의 유산이다. 우리 모두 불평이라는 무거운 짐을 내려놓고 감사라는 빛나는 보따리를 들고 인생의 남은 길을 아름답게 걸어가기를 바란다.

나 역시 불평이 많은 사람이었다. 가족을 돌보는 일, 노모를 부양해야 하는 현실, 내 몸이 따라주지 않을 때, 인간관계에서 상처받을 때 불평은 저절로 입 밖으로 튀어나왔다. 하지만 감사라는 마음을 배우고 그걸 걷기와 함께 실천하며 나의 내면이 달라지고, 관계가 달라지고, 인생이 다시 보였다. 부모님을 부양하는 일은 세상에 보상이나 칭찬을 기대하기 어렵다. 오히려 외로움과 침묵 속에서 혼자 감정을 삭여야 할 때가 많다. 감사란 결국 그 시간을 견디고 나서야 비로소 보이는 또 다른 세상이다.

감사와 불평은 불과 1mm의 간극이다.

"감사가 모든 걸 이긴다."

그래서 나는 오늘도 이기는 삶을 택하기로 했다.

내가 운영하는 회사에서 직원들과 하는 인사는 상대에게 손을 내밀고 "당신 때문에 행복합니다"라는 말로 시작한다. 그리고 감사가 모든 것을 이긴다는 뜻으로 손가락으로 알파벳 브이를 하고 "하이 땡큐(Hi, Thank you)"라고 몇 년째 인사를 하고 있다. 처음에는 어색하던 직원들이 지금은 습관이 되어 사람들만 만나면 "하이~ 땡큐", "당신 때문에 행복합니다"하고 인사한다.

이 책은 내가 여기까지 살아낸 이야기다. 혹시 지금 마음이 지치고 무기력하며 살맛이 나지 않는다고 느끼고 계시는 분이 있다면 이 말을 꼭 전하고 싶다. 감사가 모든 걸 이긴다. 감사는 지금 이 순간에도 누구나 할 수 있다. 숨 쉴 수 있는 것, 아침에 눈을 뜬 것, 누군가 곁에 있는 것, 혼자라 해도 나라는 존재가 여전히 걸어 다닐 수 있는 것, 그것만 으로도 우리는 충분히 감사할 이유가 있다. "얻어먹을 힘만 있어도 감사하라"는 말이 있다. 이 책이 당신의 불평을 조금 덜어내고 감사의 발걸음을 시작하게 만드는 따뜻한 첫걸음이 되기를 바란다.

나이 값 하고 살자

오래 살았다는 이유로 존경을 받는 시대는 지나갔다. 이제는 '어떻게 살아왔는지', '어떻게 늙어가고 있는지'가 존경의 기준이다.

"나잇값 좀 하세요." 이 말은 듣는 이에 따라 굉장히 아프게 다가온다. 하지만 이 말 속에는 중요한 메시지가 담겨 있다. 바로 나이만큼 삶의 품격을 보여달라는 뜻이다. 나이를 먹는다고 저절로 존경을 받는 시대는 아니다. 나잇값은 지혜로 말하고 품격으로 행동할 때 인정받는 것이다. 지혜는 많이 아는 것이 아니다. 필요할 때 한마디, 누군가의 가슴을 감싸 안을 수 있는 말, 그게 지혜다. 품격은 비싼 옷을 입는다고 생기지 않는다. 말에 여유가 있고, 행동에 배려가 배어 있으며, 상대 입장에서 생각하는 태도에서 나온다. 지혜는 나이에서 오지만, 품격은 평생의 태도에서 자라난다. 많은 사람이 나이만 먹고 어른이 되지 못한다. 반대로 나이는 젊지만 존경받는 사람들도 있다. 그 차이는 태도에 있다. 나잇값은 나이로 하는 게 아니다. 나이만큼 삶을 품격 있게 살아낸 것, 그게 진짜 나잇값이다.

꼰대와 멘토의 차이는 말보다 태도다.

"너는 내가 몇 번을 말했냐?", "요즘 애들은 정말 버릇이 없어", "우리 때는 말이야..." 이 말들은 낯설지 않다. 우리는 이 말들을 '잔소리'라고 부른다. 하지만 애초에 잔소리는 사랑의 표현이었다. 그런데 왜 사람들은 잔소리를 들으면 불편할까? 그 이유는 공감 없이 일방적인 말로 들리기 때문이다. 부모가 자식에게, 선배가 후배에게, 어른이 청년에게 조언을 건네는 일 자체는 잘못이 아니다. 문제는 그 말이 내 기준만 담고 있다는 점이다.

진짜 품격 있는 어른은 말하기보다 듣는 사람이다. 듣지 않고 말하는 사람은 잔소리꾼이 되지만, 들어주고 나서 말하는 사람은 멘토가 된다. 자녀, 손주, 후배들이 당신의 말을 멀리한다면, 그들은 당신의 조언이 아니라 당신의 태도에 지친 것일 수 있다. 잔소리도 바뀔 수 있다. 말 한마디에 공감과 따뜻함을 담을 수 있다면, 그것은 더 이상 잔소리가 아니라 가슴에 스며드는 어른의 사랑이다.

나잇값은 삶 전체가 말이 되는 것

한때는 '어른'이라는 말에 존경이 담겨 있었다. 하지만 어느 순간부터 '꼰대'라는 말이 그 자리를 대신했다. 꼰대 란 자기 생각만 옳다고 주장하고 타인의 생각을 무시하며 시대와 변화에 둔감한 사람을 뜻한다. 어쩌면 우리는 모르는 사이에 누군가에게 꼰대가 되어 있을지 모른다. 하지만 진짜 어른은 꼰대가 아니라 멘토다.

꼰대는 말한다.

"내 말 들어, 내가 다 해봤어. 요즘 애들은 몰라서 그래. 무조건 이렇게 해." 이런 말은 자신의 경험만을 기준으로 삼아 타인의 삶을 재단하는 방식이다.

멘토는 말한다.

"나는 이런 경험이 있었어. 그런데 너는 어떻게 생각하니? 네가 고민하는 게 뭔지 먼저 듣고 싶다." 멘토는 경험을 무기 삼지 않고, 그 경험을 통해 상대의 길을 함께 걸어주는 사람이다.

나잇값이란 많이 아는 것을 뽐내는 것이 아니다. 오래 살아온 삶의 실패와 회복, 기다림과 인내, 눈물과 기쁨을 나누는 일이다. 꼰대는 소리를 높이지만 멘토는 어깨를 내어준다. 꼰대는 자기 말만 하지만 멘토는 상대의 말을 기다려준다. 우리가 늙어갈수록 멘토로 늙어가는 삶, 그것이 나잇값을 가장 아름답게 실천하는 길이다.

나잇값은 매일 갚아 나가는 빚과 같다

경청이란 그저 귀로 듣는 것이 아니라 마음으로 들어주는 것이다. 요즘 세대는 말보다 태도에 민감하고, 지시보다 대화를 원한다. 그들에게 존경받고 싶다면 말은 줄이고 지갑을 열어야 한다는 말이 있다. 나이가 들면 말하고 싶은 것이 많아진다. 그러나 나이를 잘 먹는 사람은 말을 줄이고 경청의 자리를 선택해야 한다. 내가 중심에 서는 대신 상대를 중심에 놓는 순간, 그 사람은 나를 따르고 나의 말에 마음을 연다.

노년기 외로움은 사람이 없는 것이 아니라 사람이 떠난 것에서 시작된다. 사람을 잃는 가장 빠른 방법은 '내가 더 잘나서'라는 태도다. 반대로 사람을 모으는 가장 좋은 방법은 '나는 너의 이야기를 듣고 싶어'라는 태도다. 잘난 체는 마음을 막지만, 경청은 마음을 잇는다. 경청이 바로 품격 있는 어른의 언어다.

부모는 자식에게 수백 마디 말보다 하루의 행동 하나로 더 많은 영향을 준다. 부모가 책을 펴면 아이도 책을 보고, 부모가 욕을 하면 아이도 욕을 한다. 부모가 봉사하면 아이도 나눔을 생각한다. 가르치지 않아도 가르치고 있는 것이 바로 삶이다. 아이들만 그런 것이 아니다. 후배, 젊은 세대, 사회도 마찬가지다. 그들은 어른의 말을 평가하기 전에 그 어른이 어떻게 살아왔는지를 먼저 본다. 젊은 사람들에게 인정받고 싶다면 말을 앞세우기보다 삶을 정직하게 살아가야 한다. 나잇값은 말로 만드는 게 아니라, 삶 전체가 말이 되도록 살아가는 데서 나온다.

말로 가르치기보다 삶으로 가르치는 어른이 되자. 그것이 존경받는 어른의 모습이다. 요즘은 단순히 오래 사는 것만으로는 존경받지 못한다. 오히려 어떻게 늙었는가 존경과 외면의 갈림길을 가른다. 누군가의 삶에 덕이 되는 어른인지, 공동체를 편안하게 만드는 태도를 가졌는지, 스스로를 돌볼 수 있는 품격이 있는지, 말보다 삶으로 가르치려 했는지, 이 모든 것이 다 나잇값이다. 그리고 그 나잇값이 당신의 인생을 말해준다.

나잇값은 쌓아놓는 것이 아니다. 매일 갚아 나가는 빚과 같다. 그 빚은 나를 키워준 사람들, 함께 살아온 사람들, 그리고 내 삶의 시간을 써준 모든 사람들에게 진 것이다. 오늘의 나잇값은 내가 어제 어떻게 살아왔는가에 대한 결과이며, 내일의 나잇값은 오늘 내가 어떤 선택을 했는지에 달려 있다. 당신의 나이는 숫자에 불과하다. 당신의 나잇값은 당신의 태도와 품격에 달려 있다. 말보다 경청을, 지적보다 격려를, 자랑보다 나눔을 선택하는 삶. 그 삶이 쌓일 때 당신의 나잇값은 숫자가 아닌 사람들의 마음속에서 평가받는 가장 값진 가치가 된다.

인생의 환절기

　사람의 인생에도 사계절이 있다면, 봄은 사춘기의 설레는 시작이고, 여름은 청년기의 열정, 가을은 중년의 성숙이라면, 겨울은 노년의 지혜와 고독이라고 생각한다. 우리는 살아오면서 여러 번의 환절기를 맞는다. 사춘기, 갱년기, 노년기. 몸과 마음이 바뀌고 삶의 무게가 변하는 시기다. 환절기는 늘 혼란과 아픔을 동반하지만, 동시에 새로운 길을 여는 관문이 되기도 한다.

건강의 환절기

　사람의 몸도 계절과 같다. 젊은 시절에는 넘쳐나는 에너지로 무얼 해도 끄떡없을 것처럼 느껴지지만, 어느 순간부터 몸은 신호를 보낸다. 밤새 잠을 자고 일어나도 개운하지 않고, 계단을 오르면 숨이 차고 관절이 삐걱거리며 예전 같지 않음을 알려준다. 이때가 바로 '건강의 환절기'다. 많은 사람은 이 순간을 두려워한다. "나도 이제 늙는구나, 이제는 예전 같지 않구나" 하고 탄식하곤 한다. 하지만 건강의 환절기를 만나는 것은 단순히 노화의 그림자를 마주하는 것이 아니다. 오히려 삶의 방식을 바꾸라는 초대장과도 같다. 그동안 몸을 혹사하며 달려왔다면, 이제는 속도를 늦추고 삶의 방향을 조정할 때라는 뜻이다.

 나는 내 삶에서 가장 큰 건강의 환절기를 40대 중반 대장암 4기 판정을 받으면서 맞았다. 사업이 정점이던 시기였는데 하루아침에 모든 것이 무너졌다. 의사는 담담히 말했다. "2년 안에 사망 확률이 50%입니다." 그 순간 나의 봄과 여름이 단숨에 사라지고 겨울이 덮쳐온 것이었다. 그런데 신기하게도 그 절망의 시간 속에서 나를 붙잡아준 것은 아주 단순한 것이었다. 바로 걷기였다. 걷다 보니 몸도 마음도 한결 가벼워지고 죽음의 공포를 잠시라도 잊을 수 있었으며, 오히려 살 수 있다는 긍정적인 마음이 들었다. 죽기 살기로 걸었다. 조금씩 걸음이 늘어나면서 내 몸이 회복되었고, 나는 깨달았다. 건강의 환절기를 맞이할 때 가장 강력한 약은 걷기라는 것을

 많은 이들이 병이 오고 나서야 건강을 잃었다고 후회한다. 그러나 환절기는 단지 후회의 시간이 아니라 변화를 선택할 기회다. 건강의 환절기를 지혜롭게 통과한 사람은 이후의 삶을 더 풍요롭고 감사하게 살아간다. 반대로 그 신호를 무시하면 병도 깊어지고 삶의 질은 급격히 떨어진다. 그러므로 나는 이렇게 말하고 싶다. "조금이라도

걸을 수 있을 때 걸으십시오. 걸을 수 있을 때 걸어야 몸이 늙어가는 속도를 늦출 수 있고, 마음은 우울과 불안을 이겨낼 수 있습니다."

 그렇다. 걷기는 단순한 운동이 아니라 몸과 마음과 영혼을 살리는 치유의 행위이기 때문이다.

재정의 환절기

 인생을 살아가는데 돈의 흐름에도 계절이 있다. 젊을 때는 돈이 흘러 들어오는 봄과 여름을 경험한다. 일하고 사업하고 투자하면서 땀 흘린 만큼 열매를 거두는 시기가 있다. 그 시절에는 돈이 없어도 희망이 있고 몸이 건강하니 언제든 다시 일어설 수 있다는 자신감이 있다. 그러나 어느 순간부터는 돈의 흐름이 바뀐다. 일을 해도 수입이 예전 같지 않고, 은퇴 후에는 정기적인 수입이 끊기기도 한다. 반대로 지출은 늘어난다. 특히 병원비와 약값은 시도 때도 없이 밀려오는 파도와 같다. 이때가 바로 '재정의 환절기'다.

 재정의 환절기를 맞이하면 누구나 불안하다. 통장 잔고는 줄어드는데 나가야 할 돈은 줄지 않는다. 건강이 나빠질수록 병원에 가야 하고, 검사비, 약값, 시술비가 계속해서 쌓인다. 나이 들어 아픈 것보다 더 두려운 것은 돈 걱정이다. 실제로 많은 사람들이 "아파도 병원에 마음대로 못 간다. 돈이 없기 때문이다. 아이들에게 손 벌리기 싫어 그냥 참고 산다"고 고백한다. 재정의 환절기는 단순히 숫자의 문제가 아니라 자존심과 관계의 문제이기도 하다.

나는 내 삶에서 재정의 환절기를 뼈저리게 경험했다. 사업이 무너지고 암 투병을 하면서 수입은 끊기고 지출은 계속 늘어났다. 가족들을 데리고 부모님이 계신 본가로 들어가 살았던 몇 년의 시간은 나에게 혹독한 겨울 한 가운데에서 봄을 기다리는 시간과 같았다. 하지만 우리 가족은 그 가운데서도 서로를 위로하고 힘을 내어 감사의 삶을 살아내며 행복한 시간으로 추억되기도 한다. 어떤 이는 많은 재산을 가지고도 불안에 떨며 살고, 어떤 이는 적은 것으로도 만족하며 산다. 그 차이는 감사의 마음에 있다. 돈이 많아서 감사한 것이 아니다. 지금 누리고 있는 삶에 감사할 때 마음의 빈곤에서 벗어날 수 있다.

관계의 환절기

사람은 혼자 살 수 없다. 태어날 때 우리는 누군가의 손길을 통해 자라나고, 누군가의 사랑과 즐거움 속에서 성숙한다. 그러나 인생의 어느 시점에 이르면 그 관계에도 환절기가 찾아온다. 사춘기에는 부모와 자식의 관계가 가장 크게 흔들린다. 부모의 품 안에서 살던 아이가 스스로의 자아를 찾기 위해 몸부림치는 시기다. 부모는 아이를 잃을까 두렵고, 아이는 부모의 간섭이 숨 막힌다. 이 시기를 어떻게 지나느냐가 이후 관계의 밑바탕이 된다.

중년의 환절기는 배우자와의 관계, 자녀와의 관계, 직장과 사회에서의 관계에서 드러난다. 한창 일을 하며 성취를 쫓는 시기에는 인간관계가 수단처럼 느껴 지기도 한다. 그러나 어느 날 돌아보면 '나는 누구와 함께 살아왔는가?'라는 질문이 남는다. 재정의 환절기가 돈의 흐름을 바꾼다면, 관계의 환절기는 사람의 우선순위를 바꾼다.

 그리고 노년기에 접어들면 관계의 환절기는 더욱 선명 해진다. 친구들은 하나, 둘 세상을 떠나고, 자녀들은 제 가정을 꾸려 멀어진다. 사회에서 차지하는 자리는 사라지고, 경로당이나 작은 모임이 삶의 중심이 된다. 사람은 많아도 진짜 내 얘기를 들어줄 사람이 없는 현실. 바로 이것이 노년의 관계의 환절기다.

 관계의 빈곤은 물질의 빈곤보다 더 고통스럽다. 왜냐하면 돈이 없으면 아끼며 살 수 있지만, 관계가 없으면 삶이 더 공허하고 외롭기 때문이다. 지금 관계의 환절기를 맞고 있다면, 조금이라도 걸을 수 있을 때 누군가와 함께 걸어보자. 그 발걸음이 관계의 환절기를 봄으로 바꿀 것이다.

돌봄의 환절기

 인생의 마지막에는 누구도 피할 수 없는 한 시기가 있다. 바로 '돌봄의 환절기'다. 젊을 때는 누군가를 돌보고, 나이 들면 언젠가는 돌봄을 받아야 한다. 부모가 아이를 돌보며 시작된 관계가 세월이 흘러 자녀가 부모를 돌보는 관계로 바뀐다. 처음에는 내가 주던 손길이 어느새 내가 받는 손길이 되는 것이다. 이것이야 말로 인생이 우리에게 부여한 가장 큰 환절기다.

 돌봄의 환절기는 단순히 몸이 불편 해져서 누군가의 도움이 필요하다는 의미를 넘어선다. 그것은 내 자존심과 존재 가치, 그리고 인간관계의 본질과 맞닿아 있다. 젊어서 강하고 당당하게 살아온 사람이 돌봄을 받아야 하는 시점에 서면 마음이 무너지고, 때로는 부끄러움을 느낀다. "내가 이제 짐이 되었구나," "내가 없었으면 자식들이 편할 텐데" 같은 생각이 마음속에 자리 잡는다.

인간이 걷지 못해서 누군가가 자신의 대소변을 받아낼 때 가장 큰 충격과 수치심으로 섬망 증상이 올 수 있다고 한다. 돌봄은 단순히 육체적인 도움을 주는 것이 아니라 함께 시간을 나누는 행위다.

돌봄의 환절기를 맞이한 노인들의 가장 큰 두려움은 사실 외로움이다. 병상에 누워 있는 것보다 더 괴로운 것은 '혼자 버려져 있다'는 느낌이다. 그러나 작은 손길 하나, 짧은 동행 한 번이 그 외로움을 많이 덜어준다. 내가 병상에 있을 때 눈물로 간절히 기도했던 부모님, 늘 곁에서 사랑으로 붙잡아준 아내의 손길, 스스로 해야 할 일들을 묵묵히 잘 감당하며 견뎌 내준 자녀들이 내가 다시 힘을 내서 살 수 있도록 한 큰 이유였다고 생각한다.

돌봄의 환절기는 누구도 피할 수 없는 길이다. 그러나 그것은 두려움과 후회로만 채워질 필요가 없다. 돌봄은 짐이 아니라 사랑의 열매이고 관계의 마지막 희망이다. 우리가 누군가를 돌보고 또 돌봄을 받으며 마무리하는 그 시간은 인생의 가장 고귀한 계절일지도 모른다.

조금이라도 걸을 수 있을 때 걸어야 한다. 언젠가 걷지 못하는 날이 오면 기꺼이 돌봄을 받는 사람으로 서야 한다. 나는 마지막 순간까지 걷고 싶다. 아내와 함께, 친구와 함께, 혹은 혼자라도 내 발걸음이 멈추는 날까지 걷고 싶다. 그 길 위에서 나는 내 삶을 감사로 마무리할 수 있을 것이다.

 내 인생의 환절기를 축복의 계절로 바꾸기 위해 나는 오늘도 걷는다.

중국집 스티커 효력

어느 날 밤, 남편이 허리가 아프다며 파스를 붙여달라고 했다. 아내는 어둠 속에서 서랍을 더듬더니 무엇인가를 꺼내 남편의 허리에 붙여주었고, 그는 아픈 허리를 진정시키고 푹 잠이 들었다. 다음 날 아침, 남편은 아내에게 "어제 파스 덕분에 아주 잘 잤어"라고 말했다. 그런데 알고 보니 남편의 허리에 붙어 있던 것은 파스가 아니라 중국집 스티커였다.

이 이야기는 단순한 해프닝이 아니다. 바로 믿음이 만든 플라시보 효과다. 실제로 수많은 연구에서 밝혀졌듯, 사람의 뇌는 진짜 약과 가짜 약을 구분하지 못한다. 오히려 '이 약은 나을 것이다'라는 믿음이 통증을 줄이고 증상을 완화시키며 삶을 회복시키기도 한다.

플라시보 효과의 과학

플라시보(Placebo)란 아무 약리 작용이 없는 가짜 약을 말한다. 예를 들어 설탕으로 만든 알약, 효과가 전혀 없는 크림, 심지어 앞서 말한 종이 조각이나 스티커까지도 해당된다. 그런데도 환자가 '이건 효과 있는 약이다'하고 믿고 복용하면 실제로 통증이 줄고 몸이 편안해지며 증상이 완화되는 경우가 많다.

이건 우리 몸이 믿음에 반응하기 때문이다. 사람의 뇌는 믿음과 기대에 따라 실제 약과 비슷한 반응을 만들어낸다. 진짜 약이 아니어도 '이건 나를 낫게 할 약이다'고 믿으면, 뇌 속에서 엔도르핀, 세로토닌, 도파민과 같은 신경전달물질이 분비된다. 이 물질들은 실제로 통증을 줄이고 기분을 좋게 만들며 심지어 면역력을 높이기도 한다. 결국 마음의 믿음이 몸의 변화로 이어지는 것이다.

나 역시 암 투병 중에 이런 경험을 많이 했다. 매일 약을 먹으면서도, 어느 날은 '살 것 같다'는 마음이 들면 몸이 가벼운 것 같고 통증이 덜 느껴졌다. 반면 어떤 날은 마음이 약해져 '아무래도 더 이상 못 버틸 것 같아'라는 생각이 들면 약을 먹어도 더 아프게 느껴졌고 몸 상태가 더 안 좋아졌다.

우리 삶에도 이런 경험이 있을 것이다. 몸이 아플 때 '괜찮아질 거야' 마음먹으면 견딜 만했고, '힘들어 죽겠네, 못 참겠어' 말하거나 생각하면 더 심하게 느껴졌던 기억들이 있었을 것이다. 사람의 말, 생각, 마음가짐은 그만큼 강력하다. 어떤 약보다 더 큰 효과를 줄 수 있는 보이지 않는 약이다. 그리고 그 약은 바로 우리 믿음 안에 있다.

플라시보 효과는 단순한 심리적 착각이 아니다. 수많은 의학 연구와 임상 실험에서 실제로 과학적으로 증명된 현상으로 다음과 같은 사례들이 있다.

미국 하버드 대학의 한 실험에서는 가짜 수면제를 먹인 그룹이 진짜 수면제를 먹은 그룹만큼 숙면을 취했다.

2002년 미국 베일러 의과대학 연구에서는 퇴행성 관절염 환자들을 세 그룹으로 나누었다. 한 그룹은 실제 관절 세척 수술을, 다른 그룹은 관절 내부를 닦아내는 시술만, 마지막 그룹은 피부만 절개하고 아무런 수술도 하지 않았다. 놀랍게도 수술을 받지 않은 사람들도 진짜 수술을 받은 사람만큼 회복되었다. '나도 수술받았으니까 괜찮을 거야'라는 믿음이 통증을 이기고 몸을 회복시킨 것이다.

독일의 한 제약 회사 실험에서는 밀가루 캡슐을 투여한 그룹 중 무려 40%가 실제 진통제와 똑같은 효과를 보았다.

미국 식품의약국(FDA) 분석 결과, 많은 항우울제가 플라시보와 비슷한 효과를 보였다. '이건 우울증에 아주 잘 듣는 약입니다'하고 설명한 가짜 약을 먹은 사람들도 우울감, 불면, 무기력 증상이 뚜렷이 나아졌다.

캐나다 맥길 대학교에서는 기침하는 아이들에게 효과 없는 시럽을 주고 '이건 기침을 멈추게 해주는 약이야'하고 말해주자, 아이들의 기침이 줄어들었다.

믿음이 만든 독, 노시보

 플라시보의 반대말은 노시보(Nocebo)다. '이 약은 부작용이 있을 수 있어요'라고 말하면, 실제로 아무 부작용이 없는 약을 복용해도 메스꺼움, 두통, 어지럼증을 겪는 사례가 보고되기도 했다. 믿음은 약이 되기도 하지만, 독이 되기도 한다는 것이다.

 수많은 사례에서 중요한 공통점은 단 하나였다. 환자 본인이 '이 약은 나를 낫게 해줄 것이다'고 믿었다는 것. 그 믿음이 뇌를 움직이고 호르몬을 분비시키며 회복을 돕는 시스템을 작동시킨 것이다. 플라시보 효과의 핵심은 '무엇을 먹느냐'가 아니라 '어떻게 생각하느냐'*이다.

 물론 모든 병이 플라시보로 해결되지는 않는다. 그러나 모든 회복의 시작에는 '내가 나을 수 있다'는 믿음이 필요하다. 병원에서 받는 약, 수술, 치료만큼 내 마음속의 확신, 기대, 자기 암시도 나를 낫게 하는 도구가 될 수 있다. 플라시보는 결코 속임수가 아니다. 오히려 우리가 가진 자연치유력, 회복 본능, 생명의 반응을 이끌어내는 소중한 단서다.

 '말이 씨가 된다'는 말이 있다. 무심코 한 말이 현실이 되고 자주 하던 말이 결국 내 삶의 방향이 된다는 의미다. 그런데 단순한 이 말이 과학적 근거가 있는 진실이라는 것을 알아야 한다. 말은 단지 소리가 아니다. 말은 마음을 움직이고, 마음은 뇌를 움직이고, 뇌는 몸을 움직인다. 결국 말이 삶을 바꾸는 씨앗이 되는 것이다.

심리학에서는 자기 암시라는 개념이 있다. 스스로에게 반복적으로 어떤 메시지를 주면 뇌는 그것을 현실로 받아들이기 시작한다. '나는 회복 중이야', '이 약은 분명히 효과가 있어', '이 고비만 넘기면 괜찮아질 거야' 이와 같은 말들은 단순한 위로가 아니다. 뇌가 회복을 명령하게 만드는 스위치가 된다. 실제로 긍정적인 말을 자주 하는 환자들이 통증이 줄고 회복 속도가 빠르며 심리적으로 더 안정되었다는 연구도 많이 있다.

걷기는 뇌를 깨우는 최고의 운동

두려움을 느낄 때, 우리 뇌는 편도체라는 기관을 활성화시킨다. 이곳은 생존을 위해 위험을 감지하고 경고를 내리는 곳이다. 이곳이 자극을 받으면 몸은 마치 전쟁이 난 것처럼 반응한다. 심장이 빨라지고, 혈압이 올라가며, 근육이 긴장하고 스트레스 호르몬인 코르티솔이 대량 분비된다. 이 상태가 오래 지속되면 몸은 점점 지치고 약해진다. 특히 통증에 더 민감 해져서 같은 통증도 더 크게 느껴지고 약도 덜 듣게 되는 것이다.

두려움은 병을 키운다. 의학적으로도 암 환자나 만성질환자 중 낙관적인 마음을 가진 사람과 비관적인 마음을 가진 사람 사이에 회복 속도의 차이가 분명히 존재한다. 실제로 미국 국립보건원의 연구에 따르면, 우울과 두려움을 자주 느끼는 환자는 면역력이 떨어지고 회복

기간이 더 길어졌다. 반면 '괜찮아질 거야'라는 믿음을 가진 사람은 염증 수치가 낮아지고 통증에 대한 반응도 줄어들었다. 이 모든 것이 뇌의 작용, 생각의 방향에 따라 달라진 결과다.

 플라시보가 긍정적인 믿음이 만든 효과라면, 노시보는 부정적인 믿음이 만든 고통이다. 믿음 하나가 몸을 낫게도 하고 고통스럽게도 할 수 있다는 사실이다. 특히 나이 들수록 몸이 예민해지고 작은 변화에도 민감해지기 때문에, 마음속 불안과 두려움이 몸에 더 크게 영향을 주는 시기가 된다. 우리의 생각은 어떤 방향으로 흘러가고 있는가? 플라시보의 길로? 노시보의 길로? 말과 생각은 자유지만, 그 결과는 몸이 고스란히 받아낸다.

 병을 고치는 것은 약이 아니라 뇌일지도 모른다. 많은 사람들이 병이 생기면 약국을 찾거나 병원을 간다. 물론 약도, 주사도 중요하다. 하지만 우리가 종종 잊고 사는 것이 하나 있다. 우리에게는 이미 최고의 의사가 있다는 사실. 그 의사의 이름은 바로 뇌이다. 우리는 흔히 뇌를 생각하는 기관으로만 알고 있지만, 뇌는 몸 전체 상태를 실시간으로 모니터링하고 필요할 때 적절한 호르몬을 분비하거나 통증을 조절하고 회복을 지시하는 지휘자다. 내 몸의 상태에 따라 뇌는 항상 나를 회복시키려 애쓰고 있는 것이다. 앞서 말했던 가짜 약, 가짜 주사, 가짜 수술에도 환자들이 실제로 좋아지는 이유는 단 하나, 뇌가 그것을 진짜라고 믿고 반응했기 때문이다.

 흥미롭게도 걷기는 뇌의 회복 기능을 자극하는 최고의 운동이다. 걷는 동안 뇌에서는 BDNF(뇌신경 영양 인자)라는 물질이 분비되어 신경 세포를 재생시키고, 도파민과 세로토닌이 활발히 나와 기분을 좋게 만들어준다. 그래서 걷기만 해도 '나는 나아지고 있어'라는 플라시보 신호가 더 잘 작동하게 된다. 말, 생각, 믿음, 뇌, 운동. 이 모든 것이 연결되어 나를 치유하는 시스템이 된다.

 병상에서, 일상 속에서, 그리고 인생의 후반전에서 다시 일어나고 싶은 모든 분들에게 이 책이 따뜻한 위로가 되고 도전이 되길 바란다

부모 자식 간 유대 함정

가족은 인생의 안식처이자 삶의 근원이지만 때로는 그 이름이 나를 가장 아프게 만든다.

나는 부모님을 공경해야 한다고 배웠고, 자식은 내 삶의 전부라는 신념으로 살았다. 그런데 나이가 들수록 이 관계들이 버겁다. 어머니는 여전히 나를 아이 취급하고, 자식은 나를 부담스러워한다. 서로 사랑하지만 말이 통하지 않고 마음이 어긋난다. 한 세대는 "우리가 다 너희를 위해 희생했어" 하고, 또 다른 세대는 "왜 당신의 꿈과 감정을 나에게 강요하느냐"고 반문한다. 이게 유대일까? 아니면 얽매임일까?

나는 이 책에서 가족 간의 유대라는 아름다운 말에 숨어 있는 감정의 얽힘, 기대와 실망, 애착과 상처를 이야기해보려 한다. 늙은 어머니와 30대 자녀 사이에 낀 세대로서 나는 말하고 싶다. 가족이라는 이름으로 서로를 붙잡지 않고도 진정으로 연결할 수 있는 길이 있다고. 우리는 지금 가족이라는 울타리 안에서 다시 거리를 배워야 할 시점에 있다. 사랑하되 침범하지 않고, 도와주되 지배하지 않으며, 기대하되 강요하지 않는 관계. 그것이 진짜 유대가 아닐까?

 가족은 인생의 안식처이자 삶의 근원이다. 누구보다 가까운 존재이고, 내 편이어야 하는 사람들이 바로 가족이다. 그런데 어느 날부터 그 가족이 나를 옥죄기 시작한다. 부모와 자식 사이의 '유대'라는 이름으로.

가족은 사랑인가, 구속인가?

 "그래도 부모인데...", "자식인데..." 이 말은 때로 감정적 협박이 된다. '그래도 가족 이잖아'라는 말 안에는 '그러니까 내 말을 들어줘야 해'라는 메시지가 숨어 있기도 하다. 서로를 묶는 고리처럼 작용하기 시작한 유대, 그것은 사랑이 아니라 구속이 되어간다. 유대는 중요하다. 그러나 유대는 자유로워야 한다. 존중 없는 유대는 사슬이고, 사랑이 없는 유대는 굴레다. 진짜 유대는 얽매이지 않아도 느껴지는 연결이다. 자식이 멀리 있어도 마음은 통하고, 부모가 말을 하지 않아도 눈빛만으로 이해되는 것.

 그러나 현실은 그리 낭만적이지 않다. 부모가 되어서도, 자식이 되어서도 적당한 거리가 필요하다는 것을. 가까이 있으면서도 서로를 존중하고, 너무 깊이 개입하지 않으며, 필요한 순간에만 곁에 있어주는 것. 그것이 진짜 유대이며, 그것 만이 서로에게 상처주지 않는 길이다.

 사람이 태어날 때 가장 먼저 만나는 관계는 부모다. 그리고 그 부모는 자녀의 생명을 잉태하고 돌보며 세상에 나가도록 이끄는 존재다. 그만큼 부모와 자식의 관계는 특별하고 소중하다. 우린 이 관계를 사랑이라는 단어로 가장 쉽게 표현하지만, 그 안에는 단순한 애정 이상의 깊고도 복잡한 감정들이 얽혀 있다. 특히 한국 사회는 유난히 부모 자식 간의 유대를 강조해왔다. 효라는 전통적인 가치가 뿌리 깊이 자리 잡은 문화에서는 부모를 공경하고 부모의 뜻을 따르는 것이 미덕으로 여겨져 왔다. 어릴 적부터 "부모님 말씀 잘 들어야 한다", "부모님 은혜를 갚아야 한다"는 말을 듣고 자란 우리는 부모에게 순종하는 것이 당연한 일처럼 느껴진다.

 하지만 이 유대가 언제나 따뜻하고 긍정적인 것만은 아니다. 사랑이라는 이름으로 형성된 관계 안에서도 때로는 무거운 책임감과 의무감, 그리고 억눌림이 생기곤 한다. 부모의 기대에 부응해야 한다는 압박감, 부모의 희생에 보답해야 한다는 죄책감은 자녀의 마음을 짓누른다. 부모 입장에서는 그저 자녀가 잘 되기를 바라는 순수한 마음이었을지 모르지만, 자녀에게는 때로는 그 마음조차 짐이 된다. 부모 또한 이 관계에서 자유롭지 않다. 부모가 되었다는 이유로 자신의 인생을 자녀에게 바치는 경우도 많다. '자식 위해 사는 게 부모지'라는 말은 아름다워 보이지만, 그 이면에는 부모 자신의 삶을 유보하고 자녀에게 몰두하는 현실이 있다. 이 과정에서 부모 자신도 자아의 일부를 잃게 되고, 결국 자녀와의 관계가 서로의 삶을 무겁게 하는 그림자로 변할 수도 있다.

부모 자식의 유대는 결코 끊어질 수 없는 강한 정서적 연결이지만, 그 연결이 서로의 자유와 독립성을 존중하지 못할 때 그것은 때로 사랑이라는 이름의 덫이 될 수 있다. 부모는 자녀를 사랑하기에 간섭하고 지켜주려 하고, 자녀는 부모의 기대에 보답하기 위해 자신의 욕망과 독립을 미루게 된다. 이렇게 서로가 서로의 삶에 깊이 관여하면서도 쉽게 풀지 못하는 매듭이 바로 부모 자식 관계의 본질적인 특성일지 모른다.

우리는 부모이기에 자녀의 삶을 통제하고, 자녀이기에 부모의 뜻을 거스르지 못한다. 그러나 그 안에서 서로가 서로의 인생을 온전히 살아가도록 허락하는 것이야말로 부모 자식 관계가 추구해야 할 모습일 것이다. 이 따뜻한 유대를 유지하되 서로의 자유를 존중하는 건강한 거리를 마련하는 지혜가 필요하다. 우리가 부모로서, 또 자녀로서 사랑을 가장 좋은 방식으로 실천하려면 무엇보다 먼저 이 관계의 본질을 이해하고, 그 안에 감춰진 복잡한 감정을 다정하게 들여다봐야 한다. 그 과정에서 부모 자식 간의 유대는 더 이상 함정이 아니라 서로의 삶을 풍요롭게 하는 소중한 기반이 될 수 있다.

가족, 짐이 아니라 쉼이 되려면

부모는 더 이상 부모의 위치에만 머무를 수 없다. 자식이 자랐듯 부모도 변화해야 한다. 부모로 살 수 있는 일은 줄어들었지만, 존재하는 것만으로도 의미가 있다. 꼭 뭔가를 해주지 않아도 곁에 있는 것만으로도 가족의 일부가 될 수 있다. 이제는 자식에게 인정받으려 하지 말고, 존재 그 자체로 평안하기를 배우는 연습이 필요하다. 부모도 외롭고 자식도 힘들다. 서로가 서로에게 짐이 아니라 쉼이 되기 위해서는 기대하지 않고 바라보는 태도, 기억으로만 채우지 않고 지금을 함께 살아내는 태도가 필요하다.

늙은 부모의 속마음은 단순하다. 사랑받고 싶고, 기억되고 싶고, 버려지지 않기를 바랄 뿐이다. 그리고 한 가지 더, 자식의 삶에 짐이 되지 않기를 바라는, 그 속 깊은 진심도 있다는 것을 잊지 말아야 한다.

가족이기 때문에 모든 것을 함께 해야 한다는 생각은 이제 낡은 사고방식이다. 자식은 자식의 삶이 있고, 부모는 부모의 삶이 있다. 늙은 부모도 여전히 배우고 싶은 것이 있고, 새로운 관계를 맺고 싶은 마음이 있다. 자식 또한 자기 가정과 일터에서 스스로의 삶을 일구어야 할 책임이 있다. 진짜 유대는 그 서로의 삶을 있는 그대로 인정하는 것에서 시작된다. 유대가 깊은 가족은 서로를 통제하지 않는다. 오히려 지지한다. 간섭은 말이 많고 감정이 앞서지만, 지지는 묵묵히 바라봐 주고 필요할 때 힘이 되어준다. 부모가 자식의 삶을 모두 알려고 하지 않아도 괜찮다. 자식도 부모의 모든 사정을 다 이해할 수는 없다. 그러나 서로를 있는 그대로 받아들이는 태도는 가능하다. 진짜 유대는 바라지 않아도 느껴지는 따뜻한 믿음이다.

4세대가 함께 살아가는 시대, 우리는 모두 익숙하지 않은 여정을 걷고 있다. 누구도 정답을 갖고 있지 않다. 하지만 분명한 것은 이 여정을 함께 가야 한다는 점이다. 이 책을 통해 가족이라는 이름 아래 내가 부담이 아닌 위로가 되기를, 상처가 아닌 회복이 되기를 진심으로 바란다.

결국 우리가 지향해야 할 가족관계는 사랑하되 침범하지 않고 도와주되 지배하지 않으며 기대하되 강요하지 않는 것이다. 서로에게 짐이 아닌 쉼이 되어주기 위해 우리는 지금 가족이라는 울타리 안에서 건강한 거리를 배우는 지혜가 필요하다.

내 나이가 어때서

한 바닷가 작은 항구, 낡은 고깃배 옆에 한 어부가 느긋하게 누워 먼 바다를 바라보며 편하게 쉬고 있었다. 그때 양복 차림의 사업가가 다가와 물었다. "왜 고기를 잡지 않고 여기 누워 있는 거요?" 어부는 대답했다. "오늘 잡을 만큼은 다 잡았소." 사업가는 의아한 얼굴을 하며 다시 물었다. "더 많이 잡으면 부자가 되지 않겠소?" 어부는 웃으며 말했다. "그러면 부자가 된 그 다음은요?" 사업가는 대답했다. "그러면 더 많은 배를 거느리는 선단을 이끄는 큰 부자가 되지 않겠소?" "그 다음에는요?" 어부가 다시 물었다. "그럼 인생을 느긋하게 즐기면 되지 않겠소?" 어부는 조용히 대답했다. "지금 내가 하고 있는 게 바로 그것이오."

어디선가 읽은 책의 내용이다. 우리는 살아오면서 수많은 날들을 지나왔다. 기쁜 날, 힘든 날, 눈물이 앞을 가린 날, 웃음이 끊이지 않던 날. 나이가 들수록 깨닫는다. 내일은 아무도 장담할 수 없다. 우리가 확실히 붙잡을 수 있는 시간은 오직 오늘뿐이다. 그렇다면 오늘을 즐기고, 오늘을 누리고, 오늘을 사랑하는 것이야 말로 가장 지혜로운 삶이다.

　사람들은 흔히 말한다. "지금은 조금 힘들어도 내일을 위해 참고 살아야 한다." 이 말은 언뜻 들으면 맞는 것 같지만, 곱씹어보면 위험한 함정을 담고 있다. 내일은 누구에게도 보장되지 않는 시간이다. 내일을 위해 오늘을 희생하다 보면 정작 오늘의 행복은 잃어버리는 것이다. 우리는 내일이라는 허상을 붙잡느라 정작 오늘이라는 실체를 놓치곤 한다. 사실 내일은 오늘의 연속일 뿐이다. 내일의 행복은 오늘 행복의 뿌리에서 자라난다. 오늘이 불행하고 공허하다면 내일이 저절로 행복해질 수는 없다. 그럼에도 불구하고 많은 사람들은 '지금은 희생해야 한다', '나중에는 잘 살 수 있다'라는 논리 속에서 자신을 혹사한다. 하지만 나중은 오지 않을 수도 있다.

　어부와 사업가의 대화는 이 점을 명확히 보여준다. 사업가는 끊임없이 내일을 위해 오늘을 버리라고 충고한다. 더 벌고, 더 크게 만들고, 더 성공해야 한다고 말한다. 그러나 어부는 지금 이 순간을 누린다. 햇살과 바람, 바다의 냄새와 고요한 시간을 즐기며 현재를 산다. 사업가는 어부가 멍청하다고 생각하지만, 사실 어부야 말로 삶의 본질을 꿰뚫는 현자다. 나이가 들어갈수록 우리는 이 단순한 진리를 더 깊이 깨닫게 된다. 60세, 70세, 80세를 지나면서 남은 인생이 결코 길지 않음을 실감한다. '이제는 내일을 위해 오늘을 버리면 안 되겠구나', '남은 오늘 하루하루가 소중하구나'라는 깨달음이 가슴 깊이 밀려온다.

내 나이가 어때서, 지금이 시작이다

"내 나이가 어때서?"라는 말은 지금이 시작이라는 의미를 담고 있다. '내 나이에 뭘 더 할 수 있을까? 이제는 너무 늦지 않았나?'라고 생각하는 순간, 나는 확실히 말할 수 있다. 늦은 나이는 없다. 늦었다고 생각하는 그 순간이 바로 시작해야 할 때이다. 지금 이 나이에도 새로운 취미를 배울 수 있고, 여행을 떠날 수 있으며, 사랑을 나누고 도전을 시작할 수 있다. 우리는 여전히 살아 있고, 살아 있다는 건 가능성이 있다는 뜻이다. 오늘을 최고의 날로 만들자. 과거는 지나갔고, 미래는 아직 오지 않았다. 우리가 붙잡을 수 있는 건 오늘뿐이다. 오늘을 어떻게 보내느냐가 내일의 나를 만든다. 그래서 나는 매일 아침 이렇게 다짐한다. '오늘 하루를 내 인생에서 가장 행복한 날로 만들자.'

나이 듦은 누구에게나 주어진 삶의 자연스러운 흐름이다. 그러나 많은 사람들은 나이를 감소와 쇠퇴로만 본다. 예전처럼 빨리 달리지 못하고, 머리카락이 희어지고, 기억력이 예전 같지 않다는 것을 이유로 '나는 이제 끝이구나'하고 생각한다. 하지만 나이 듦을 부정적으로만 보는 시선은 우리 스스로를 갇히게 만든다. 나는 이렇게 말하고 싶다. 나이 드는 것은 손해가 아니다. 선물이다. 왜냐하면 우리는 나이를 먹으면서 세월이 주는 깊이와 넓이를 얻었기 때문이다. 젊은 날에는 경험이 부족해 미처 깨닫지 못했던 것들을 이제는 가슴 깊이 이해하게 되었다. 남을 위로하는 말 한마디가 왜 중요한지, 오늘 누구와 함께 밥을 먹느냐가 얼마나 큰 행복인지. 이 모든 것을 나이와 함께 알게 된 것이다.

 나이가 들면 잃는 것도 많다. 체력, 젊은 시절의 외모, 기회, 속도. 하지만 얻게 되는 것도 있다. 인내심, 지혜, 관계의 소중함, 그리고 인생을 보는 통찰. 문제는 우리가 무엇을 보는 가이다. 잃은 것만 바라보면 마음은 금세 늙는다. 하지만 얻은 것을 바라보면 나이 듦이 오히려 자산이 된다. 예를 들어 젊을 때는 빨리 성공하고 싶어 안달이 나지만, 나이가 들수록 '빨리'보다 '바르게', '많이'보다 '의미 있게'라는 가치를 알게 된다. 이 변화가 바로 나이 듦의 선물이다.

 우리는 종종 "젊었을 때 할 걸"이라고 후회한다. 하지만 내일의 내가 오늘을 돌아보면, 지금이 가장 젊은 날이다. 그렇다면 해야 한다. 배우고 싶었던 것, 가보고 싶었던 곳, 만나고 싶었던 사람, 하고 싶었던 일. 미루지 말고 오늘 시작해야 한다.

 나이가 들수록 몸을 움직이는 것은 단순한 운동을 넘어 삶의 활력이 된다. 걷기, 가벼운 스트레칭, 자전거 타기, 춤…. 몸을 움직이면 기분 좋은 호르몬이 분비되고 마음이 젊어 진다. 나는 특히 걷기를 추천한다. 걷기는 돈이 들지 않고 특별한 장비도 필요 없으며 누구나 시작할 수 있다. 게다가 걸으면서 계절의 변화를 느끼고, 새로운 길을 발견하며, 마음의 짐을 내려놓을 수 있다. 걸을 수록 몸이 가벼워지고 마음도 함께 밝아진다.

 나는 걷기 강사로서 나의 경험과 주변 사람들의 이야기를 통해 나이 듦이 두려움이 아니라 축복임을 증명하고 싶다. 작은 변화를 만드는 습관, 함께 웃는 관계, 하루를 특별하게 만드는 마음가짐…. 이 책이 당신이 다시 한 번 삶의 발걸음을 힘차게 내디딜 수 있도록 도와줄 수 있기를 바란다. 나 역시 60대 중반인 지금 여전히 배우고, 걷고, 도전하며 살고 있다. 65세인 올해 3월 스페인 산티아고 순례길 800km를 40일동안 걸었다. 마음이 젊으면 삶도 젊어 진다. 그러니 오늘 내 인생에서 가장 젊은 날에 힘차게 외쳐보자, 내 나이가 어때서~! 이 글을 읽는 당신도 분명 그럴 수 있다. 과거의 영광이나 아픔에 머물지 말고 오늘의 시간을 붙잡고 살길 바란다.

나 때는 말이야!

"나 때는 말이야"

많은 사람들이 나이 들어가면서 가장 많이 꺼내는 말 가운데 하나일 것이다.

예전에는 이렇게 살았다. 그때는 이만큼 잘 나갔다. 젊은 사람들과는 다르다는 식의 회상과 자랑이 습관처럼 입에서 흘러나온다. 그러나 그 말 뒤에는 씁쓸한 공허함이 숨어 있다. 왜냐하면 그 시절은 이미 지나갔고 다시 돌아오지 않기 때문이다 과거는 아무리 그리워해도 붙잡을 수 없고 돌이킬 수 없다는 사실을 누구보다도 잘 아는 세대가 바로 시니어 세대이다.

흑백 TV와 공중전화, 손으로 쓰던 편지가 일상이던 시절과 스마트폰과 인공지능이 세상을 움직이는 지금은 전혀 다른 세상이다. 그러니 "나 때는" 이라는 말은 자연스레 세대의 차이를 드러내는 신호처럼 들리기도 한다.

 우리 세대가 살아온 길에는 분명 고생과 눈물 그리고 노력으로 이룬 자부심이 담겨 있다. 전쟁의 폐허 속에서 나라를 일으키고 아무것도 없는 가난한 시절에 가정을 지켜낸 세대다. 그러니 과거를 이야기하는 것은 당연히 자랑스럽고 후손들에게 들려주고 싶은 마음이 드는 것도 이해할 만하다. 그런데 문제는 그 말이 자주 반복되면 듣는 사람들에게는 피곤하게 다가온다는 것이다. "자녀들은 또 시작이네"라는 눈빛을 보내고 손주들은 핸드폰만 들여다보며 대화에서 빠져나간다 친구들끼리도 과거 자랑 경쟁이 시작되면 분위기가 점점 무거워지고 서로 마음이 상하기도 한다. 본인은 과거의 영광을 나누고 싶어 하지만 듣는 사람들에게는 잔소리처럼 들릴 수 있기 때문이다.

 왜 우리는 "나 때는 말이야"를 자꾸 할까?

 첫째, 나이가 들수록 현재 자신이 과거보다 초라하게 느껴지기 때문이다. 그래서 우리는 자연스럽게 과거 이야기를 꺼내며 스스로의 가치를 붙잡으려 한다.

 둘째, 외로움 때문이다 대화의 중심에서 멀어지고 젊은 세대가 이해하지 못하는 세상을 살다 보면 소통의 벽이 생긴다. 그럴 때 우리가 가진 가장 강력한 무기는 경험이고 경험을 풀어놓는 방식이 바로 '나 때는 말이야'이다.

 셋째, 인정받고 싶은 마음 때문이다. 누구나 나이를 먹어도 여전히 존중받고 싶다. 그런데 사회적으로 노년층이 점점 주변으로 밀려날 때 과거 이야기는 나를 다시 주인공으로 세우는 방법이 되기도 한다.

 그런데 아이러니하게도 그 이야기가 오히려 관계를 멀어지게 만들 수 있다는 사실을 우리는 종종 깨닫지 못한다.

 사람은 "나이 들수록 고집이 세진다" 누구나 한번쯤 들어봤을 말이다 실제로 많은 가정에서 경험한다. 젊을 때는 합리적이고 유연하던 사람이 노년에 이르면 자기주장만 내세우고 가족의 말을 들으려 하지 않는다. 심지어는 뻔뻔해지고 이기적으로 변했다는 인상을 주기도 한다. 그렇다면 왜 노인이 될 수록 이런 변화가 생기는 걸까?

 나이가 들면 뇌 기능이 점점 둔화된다. 특히 감정과 판단을 조절하는 전두엽의 기능이 떨어지면서 유연성이 줄어든다. 젊을 때는 새로운 정보를 받아들이고 상황에 맞게 행동을 조절했지만 노년에는 익숙한 것 자신이 알고 있는 것만 고수하려는 경향이 강해진다. 쉽게 말해 새로운 것을 배워서 적용하는 능력보다 기존의 것을 붙잡는 힘이 더 세지는 것이다. 게다가 오랜 세월 살아오며 형성된 가치관과 생활습관이 뇌 속에 깊이 각인된다. 그 결과 성격이 굳어지고 타인의 말을 듣기보다 스스로의 경험과 기준을 더 중요하게 여긴다. 노년의 고집은 단순한 성격 문제가 아니라 뇌와 신경의 노화에서 비롯된 자연스러운 현상인 셈이다.

 자신의 존재를 지키려는 무의식적 몸부림이기도 하다. 그만큼 두렵고 불안하기 때문이다. 과거는 소중하다. 하지만 과거에만 머물면 우리는 오늘의 행복을 잃게 된다.

 시니어 세대의 좌우명 중 하나는 "고생은 사서도 한다"였다.
 힘든 경험 속에서 인내와 끈기를 배우는 것이 중요했기 때문이다. 하지만 젊은 세대는 최소 노력으로 최대 효율을 추구한다. 불필요한 고생은 피하고 더 똑똑하게 살아가려는 것이 이들의 방식이다. 따라서 시니어가 나 때는 힘든 걸 참고 이겨냈다고 말하면 젊은 세대는 "굳이 왜 그렇게까지 해야 해요? 더 좋은 방법이 있는데"라고 답한다. 이 차이가 곧 "나 때는 말이야"를 둘러싼 세대의 갈등에 뿌리가 된다.
 시니어는 기억을 기반으로 살아온 세대이다. 경험이 가장 큰 교과서였고 실패를 통해 배우는 것이 당연했다. 그래서 과거의 기억을 자주 소환하며 이야기를 풀어간다. 반면 젊은 세대는 데이터와 정보의 언어에 익숙하다. 검색 몇 번으로 새로운 지식을 얻고 YouTube와 SNS에서 다양한 해결책을 즉시 찾을 수 있다. 그래서 시니어에 나 때는 말이야는 경험의 기억을 전하는 말이지만 젊은 세대에게는 "그건 옛날 방식일 뿐"이라는 반응을 불러온다.
 결국 "나 때는 말이야"는 시대의 간극이 만들어낸 언어이다. 그때와 지금은 분명히 다르다. 중요한 것은 이 차이를 누가 옳다, 그르다를 판단하는 것이 아니라 서로의 다름을 인정하는데 있다. 시니어는 젊은 세대의 새로운 방식을 이해하려는 유연함이 필요하고 젊은 세대는 시니어의 말 속에 담긴 시대적 배경을 존중할 필요가 있다. 그럴 때 "나 때는 말이야"는 세대를 갈라놓는 말이 아니라 서로를 이해하게 하는 다리가 될 수 있다.

"나 때는 말이야"라는 말은 왜곡되면 잔소리로 들리지만 올바르게 바뀌면 세대를 이어주는 다리가 될 수 있다. 그 핵심은 나의 경험을 우리의 기억으로 확장하는 것이다. "나 때는" 이라는 말이 개인적 자랑과 비교의 언어라면 "우리 때는" 은 공감과 공유의 언어이다. 작은 차이 같지만 그 효과는 전혀 다르다.

앞으로 대화를 시작할 때 "나 때는" 대신 "우리 때는" 이라고 말해보자 그 순간 듣는 이의 마음은 열리고 대화는 잔소리가 아닌 이야기로 바뀔 것이다. 이것이야 말로 세대를 이어주는 지혜로운 언어의 시작이다. 세대를 잇는 언어 훈련은 거창한 것이 아니다. 작은 표현 하나를 바꾸고, 질문을 더하고, 공감의 태도를 기르는 것에서 시작한다. 언어가 바뀌면 관계가 달라지고 관계가 달라지면 세대 간의 이해가 깊어진다.

우리는 흔히 "나 때는 말이야" 라는 말로 과거를 강조하지만 사실 더 중요한 말은 지금 이 순간이다. 오늘을 붙잡는 사람은 내일도 소망을 가질 수 있지만 과거에만 머무는 사람은 내일도 어제의 그림자 속에 묻혀 살게 된다.

앞으로 우리 모두가 세대의 다리를 놓는 언어 훈련을 통해 말이 사람을 살리고 관계를 살리는 문화를 함께 만들어 가기를 소망한다.

자기연민에 빠진 사람들

외로움은 자기 연민의 문을 열게 한다. 자기 연민은 말 그대로 자기 자신을 불쌍히 여기는 감정이다. 어떤 일에 상처받았을 때, 외롭거나 억울할 때 사람들은 자연스럽게 자기 연민에 빠지곤 한다. 하지만 이 감정은 나이 들수록 훨씬 더 깊고 자주 찾아온다. "나는 이제 쓸모없어", "이 나이에 누가 나를 필요로 하겠어?", "내가 이렇게 고생한 걸 아무도 몰라준다" 같은 말들은 노년기에 자기 연민이 어떻게 뿌리내리는지를 보여준다.

 자기 연민의 무서운 점은 그것이 한 번 들어서기 시작하면 점점 습관이 된다는 점이다. 처음에는 '오늘은 좀 힘드니까 나를 스스로 위로해서 위안을 가져보자'고 생각하지만, 그 다음 날도, 또 그 다음 날도 '나는 왜 이렇게 외롭고 쓸쓸하지?'라고 묻기 시작하면 어느 순간부터는 자기 위로가 아니라 자기 포기가 되어버린다. '그냥 이렇게 살다 가는 거지 뭐, 이 나이에 뭘 더 바래.' 자기 연민은 그렇게 사람의 의욕과 자존감을 조금씩 무너뜨린다.

자기 연민은 감정의 늪과 같다. 처음엔 얕은 웅덩이처럼 보인다. 그 안에 살짝 발을 담그는 것쯤 괜찮다고 생각하지만, 웅덩이는 들어갈수록 깊어지고 나중에는 빠져나오기가 어려워진다. 무엇보다 무서운 건 자기 연민은 사람을 피해자로 만든다는 점이다. '나는 피해자다', '나는 가족에게 희생만 하는 존재다' 같은 생각들이 자기 안에 뿌리내리면 세상은 점점 더 적대적으로 보이고 사람들과 관계도 무너지기 시작한다. 이런 감정은 단순히 슬픔이나 우울과는 다르다. 자기 연민은 자기를 불쌍히 여기면서도 동시에 타인을 원망하게 만든다. '나는 이렇게 힘들고 외로운데 왜 우리 자식은 연락도 없지? 나는 평생 헌신했는데…', '나는 몸도 불편한데… 왜! 왜 아무도 도와주지 않지?' 이런 생각은 결국 사람들과 관계를 깨뜨린다. 상대를 향한 기대가 실망으로 변하고, 실망은 원망으로, 원망은 냉소로, 그리고 끝내는 고립으로 이어진다.

자기 연민은 또 하나의 함정을 가지고 있다. '나를 이해해주는 사람만이 좋은 사람'이라는 생각이다. 연민의 생각에 사로잡히면 나에게 따끔한 조언을 해주는 사람은 미운 사람, 현실을 직시하라고 말하는 친구는 냉정한 사람으로 느껴지기 시작한다. 결국 나를 둘러싼 사람은 점점 줄어들고 나만의 감정에 갇혀 살아가게 된다. 그러나 이 감정의 늪에서 빠져나오는 길은 있다. 그 첫걸음은 '내가 지금 자기 연민에 빠졌구나'하고 깨닫는 것이다. 그리고 솔직하게 말해보는 것이다. '나는 지금 나 자신이 불쌍하다고 느끼고 있다', '나는 누군가에게 인정받고 싶은 마음이 너무 크다'. 이렇게 자기 감정을 솔직하게 드러내는 순간, 늪의 물은 조금씩 빠지기 시작한다.

자기 연민은 감정 그 자체로는 나쁜 것이 아니다. 문제는 그 감정에 머무는 것이다. 잠시 들러 위로 받고 지나가야 할 감정인데, 거기에 눌러앉아 버리는 것이 문제다. 노년은 자기 연민에 빠지기 쉬운 시기다. 하지만 동시에 자기 삶을 재정비하고 다시 주도권을 잡을 수 있는 시기이기도 하다. 감정의 늪에서 빠져나와 내가 아직 할 수 있는 일이 있다고 말할 수 있어야 한다.

나도 투병 생활 중에, 또 사업이 부도났을 때 자기 연민에 빠진 적이 있었다. '누구보다도 열심히 살았는데... 왜 나에게...', '사람들이 살면서 한 번도 경험하지 않는 시련을 나는 왜 이렇게 여러 번 겪어야 하나...'라는 생각에 다른 사람들을 원망하고 환경을 탓하고 스스로 자기 연민 속에 빠져 나 자신을 가둬놓고 고통스러웠던 시간들이 있었다. 지금 생각해보면 내 인생에 아슬아슬한 시간이었다.

피해자 프레임과 비교의 덫

노년에 접어들면 많은 사람이 과거를 되새긴다. 젊을 땐 앞을 보고 달리느라 미처 돌아보지 못했던 시간들을 이제는 천천히 하나씩 펼쳐보게 된다. 그때 느낀 억울함, 외면당한 감정, 이해 받지 못했던 시간들이 떠오르면서 '나는 피해자였다'는 인식이 강해지기 시작한다. 하지만 중요한 건 그 인식이 지금의 나까지 지배하기 시작할 때 일어나는 일이다.

심리학에서는 이것을 '피해자 프레임'이라고 부른다. 모든 일에 대해 자신이 피해자라고 보는 시각이다. 이 프레임에 빠지면 일상의 수많은 사건과 대화도 모두 나를 공격하거나 무시하는 것으로 받아들이게 된다. 예를 들어, 자녀가 바빠서 전화를 자주 못한다고 하면 사실은 일이 많아서 일 수도 있고 잠깐 잊었을 수도 있다. 하지만 피해자 프레임에 빠진 부모는 이렇게 생각한다. '내가 어떻게 키웠는데 이젠 나를 귀찮아 하는가? 자식 놈 잘 키워봐야 다 소용없어.' 사실과 감정 사이에 커다란 오해의 벽이 생기는 것이다.

이 피해자 의식은 결국 사람을 고립시킨다. 왜냐하면 사람은 피해자를 위로할 수는 있지만, 평생 피해자와 함께 살아가는 건 어렵기 때문이다. 계속 불평하고 원망하고 모든 상황을 남 탓으로 돌리는 사람과의 관계는 지치게 만든다. 그래서 결국 주변 사람들은 멀어지고, 자신은 더 깊은 외로움에 빠지게 된다. 피해자 의식은 종종 자신에게 면죄부를 주기도 한다. '내가 이렇게 사는 게 다 남 탓'이라고 생각한다. '그때 그 상황에선 나도 어쩔 수 없었어.' 이런 말은 당장은 마음을 편하게 해준다. 하지만 그 대가로 책임감과 변화의 의지는 사라지게 된다.

그렇다면 어떻게 해야 할까? 바로 인식의 전환이 필요하다.

나는 명절에도 혼자야...", "쟤는 자식이 의사 라는데... 나는 한 달에 몇 번 전화도 안 와..." 이런 말을 들어본 적 있거나 해본 적이 있는가? 비교는 자기 연민의 또 다른 뿌리다. 특히 나이 들어갈수록 인생의 결과물들이 드러나면서 비교의 유혹은 점점 커지고 감정은 더 민감 해진다.

젊을 때는 나의 가능성과 미래를 이야기하며 경쟁하지만, 나이가 들면 이제는 결과와 성과를 비교한다. 누가 자식 교육을 잘 시켰는지, 누가 얼마나 오래 건강하게 사는지, 누가 더 사랑받고 덜 외로운지. 문제는 이런 비교가 나를 객관적으로 발전시키기보다는 감정적으로 흔들리게 만든다는 데 있다. 비교는 내 삶을 돌아보게 만들기보다 남의 삶을 보고 부러워하게 만든다. 그리고 부러움은 곧 자기 연민으로 이어진다. '나는 왜 저렇게 못 살았을까? 나는 왜 저런 자식을 못 낳았지? 나는 왜 이렇게 행복하지 못할까?'

비교는 내 삶의 의미를 축소시키고, 감사를 사라지게 만들고, 불필요한 상실감과 자괴감을 불러온다. 자기 삶을 남과 비교하는 순간, 우리는 그 사람의 겉모습만 보고 내 인생 전체를 평가하는 오류를 범하게 된다. 비교는 현실을 왜곡한다. 남의 삶은 언제나 좋아 보이는 부분만 보인다. 예를 들면 친구는 손주를 자랑하지만, 그 손주를 돌보느라 매일 허리 통증에 시달릴 수 있다. 이것저것 자랑하는 사람도 수면제를 복용해야만 잠을 잘 수도 있다. 우리는 그런 맥락은 보지 않고 나보다 나아 보이는 부분만을 확대해서 받아들인다.

있는 그대로 보기는 쉽지 않다. 왜냐하면 우리는 나이 들수록 더 상처받기 쉬운 존재가 되기 때문이다. 체력은 떨어지고, 관계는 줄어들고, 과거의 역할은 사라지기 시작한다. 이런 상황에서 남과 나를 비교하게 되면 나의 결핍이 훨씬 더 크게 느껴진다. 그럴수록 자기 삶에 대한 실망은 깊어지고, 자기 연민은 강화된다. 그리고 결국은 '나는 실패한 인생인가? 나는 왜 이렇게 초라 한가?'라고 생각하게 된다. 그러나 진실은 그렇지 않다. 비교는 기준이 없다. 누구도 다른 사람과 같은 시간표로, 같은 조건으로 살아가지 않기 때문이다.

그럼 어떻게 비교에서 벗어날 수 있을까? 정답은 단순하다. 내 삶을 내가 인정하는 것이다. 말은 쉽지만 실천은 어렵다. 하지만 훈련할 수 있다. 비교하지 않는 삶은 자유로운 삶이다. 그 자유 속에서 우리는 있는 그대로의 나를 인정할 수 있고, 그 인정 속에서 진짜 회복이 시작된다. 비교를 멈춘다는 것은 더 이상 남의 삶을 부러워하지 않는다는 뜻이 아니다. 그것보다는 '나는 나로서 충분하다'고 말하는 힘이다. 나이 들어서 가장 강력한 힘은 더 이상 남에게 휘둘리지 않고 내 안의 평화를 지켜내는 능력이다. 그 능력은 비교를 내려놓는 순간 생겨난다. 그리고 그 순간 자기 연민이라는 감정은 조금씩 힘을 잃기 시작한다.

자기 연민은 나를 피해자로 만들고, 삶의 책임을 남 탓으로 돌리며, 사랑받지 못한다는 외로움의 마음에 가둔다. 그 감정에 계속 머무르면 나는 나 자신을 자꾸 초라하게 느끼게 된다. 그렇게 작아진 마음으로는 결코 품위 있는 삶을 살아낼 수 없다. 품위는 내 삶이 힘들고 초라해도 '나는 여전히 내 삶의 주인이다'라는 선언에서 시작된다. 우리는 종종 착각한다. 좋은 집에서 살고, 좋은 옷을 입고, 자식이 잘 되면 품위 있는 노년이라고 생각한다. 하지만 진정한 품위는 어려운 상황 속에서도 나 자신을 잃지 않는 태도, 사람들에게 정중함과 배려를 잃지 않는 태도에서 온다.

 나이 든다는 것은 결코 부끄러운 일이 아니다. 그러나 그 시기에 자기 연민이라는 감정에 사로잡히면 삶은 금세 어두워지고 관계는 멀어진다. 우리 모두는 자기 연민을 이겨낼 수 있다. 늙어가는 것이 아니라 깊어 가는 시간을 만들어 가는 것이다. 나는 아직 할 수 있다고 말할 수 있는 사람이 되기를 바란다.

Chapter 3.
대한민국, 노인으로 산다는 것

1. 대한민국은 노인나라
2. 생 로 병 병 병 돌봄 사
3. 노인 냄새
4. 노인 아들 노인 엄마
5. 장수의 역습 간병 살인
6. 왕따 된 우리 엄마
7. 함께 오래 살아야 하는 부부
8. 맛있는 인생 액티브 시니어

대한민국은 노인나라

"아이가 태어나지 않는 나라, 노인만 남는 사회." 이것은 더 이상 먼 미래의 이야기가 아니다. 바로 지금 우리가 살아가는 대한민국의 모습이다. 젊은이는 사라지고 노인만 남는 이 흐름을 학자들은 '인구 절벽' 그리고 '노인 쓰나미'라 부른다. 하지만 이것은 단순한 용어가 아니라, 우리가 겪게 될 삶의 구조, 사회 시스템, 공동체의 생존에 관한 문제다.

인구 절벽은 출생률이 급격히 떨어지고 노동 가능 인구가 급감하는 현상을 의미한다. 대한민국의 출산율은 현재 0.7명 이하다. OECD 평균이 1.6명인 것에 비하면 매우 심각한 세계 최저 수준이다. 통계청은 2070년이 되면 대한민국의 전체 인구가 3,800만 명 수준으로 줄어들 것이라 예측한다. 한마디로 사람이 사라지는 사회가 오는 것이다. 그 중에서도 가장 빠르게 줄어드는 것은 젊은 세대다. 이제 20~30대는 인구의 소수가 되어가고 있다. 결혼을 하지 않고 출산을 포기하는 세대가 늘어나면서 학교가 문을 닫고, 유치원이 사라지고, 군대 인원이 부족해지는 현상까지 이어진다.

 한쪽에서는 젊은이가 줄고, 다른 한쪽에서는 노인이 급격히 늘어나고 있다. 65세 이상 노인 인구 비중은 2025년에 20%를 넘어 초고령 사회가 되었고, 2035년에는 30%를 넘고, 2045년에는 세계에서 가장 노인이 많은 나라가 된다.

 노인 인구가 많아지면 어떤 일이 일어날까? 노인 의료비가 폭증하고, 연금 재정이 고갈되며, 돌봄 노동이 사회 전반을 압박할 수 있다. 일할 사람은 줄고, 부양할 사람은 늘어난다. 이것이 바로 '노인 쓰나미'다. 단순히 많아지는 것이 아니라, 사회가 감당할 수 없는 물결처럼 밀려오는 것이다. 이 모든 것은 곧 사회 생산성과 국가 경쟁력의 하락으로 이어진다. 젊은 사람이 줄어들면 경제가 무너지고, 경제가 무너지면 복지도 지속될 수 없다. 생산 가능 인구(15~64세)가 줄어들면 국가 경제는 약화되고, 세금 낼 사람은 줄고, 연금을 받을 사람은 늘어나고, 공공 의료 복지 체계는 지속 불가능 해진다.

 한국은 불과 50년 만에 가난한 농업 국가에서 세계 10위권 경제 대국으로 도약했다. 이 과정에서 우리는 산업화, 도시화, 핵가족화를 빠르게 겪었다. 성장은 빨랐지만 삶의 기반이 사라지는 속도도 빨랐다. 그 결과 출산은 줄고, 가족 구조는 해체되며, 노후를 책임져줄 공동체는 사라졌다.

 예전에는 노후의 안전망이 가족이었다. 하지만 지금은 다르다. 자녀는 부모를 부양할 여유가 없고, 노인은 자녀에게 짐이 될까 걱정하며 서로 눈치를 보고 거리가 생긴다. 가족은 있지만 서로 돌보지 않는 시대가 되었다. 함께 사는 가족에서 따로 사는 개인으로 바뀐 이 구조는 고령화 속도를 더 빠르게 만들고, 노인을 더 쉽게 사회적 고립 상태로 내모는 현실이 되었다. 병원비와 간병비로 인해 가족 전체가 무너지는 사례는 수도 없이 많다. 이러한 현실은 단지 의료의 문제가 아니라, 가족 붕괴, 계층 하락, 세대 갈등의 근원이 되기도 한다. 지금은 의료의 패러다임 전환이 절실한 시점이다. '아프면 병원에 간다'가 아니라 '안 아프게 사는 법을 배운다'로의 전환이 필요하다.

 대한민국은 세계에서 가장 빠르게 늙고 있는 나라다. 일본보다 빠르고 유럽보다 급격하다. 하지만 안타깝게도 오래 사는 것에 대한 준비는 매우 부족하다. 정부의 복지 정책도 미비하고, 개인의 노후 준비는 대부분 부동산 한 채와 자식에게 기대는 방식으로 굳어져 있다. 그러나 자식은 노후의 보험이 아니다. 자식도 늙고 있고, 자식 세대도 버겁다.

 백세 시대는 어느새 흔한 표현이 되었다. 길게 살 수 있다는 것은 인류 문명의 큰 성취다. 그러나 정작 그 오래 사는 삶이 실제로 얼마나 축복일까? 우리의 부모 세대 혹은 지금의 7~80대 노인들의 삶을 보면 분명 축복이기도 하지만, 동시에 커다란 부담임이 분명하다. 백세 시대의 가장 큰 딜레마는 살아는 있지만 행복하게 살아가지 못하는 삶이다. 의학의 발달로 생명은 연장되었지만, 건강하게 움직이는 '건강 수명'은 평균 수명보다 10년 가까이 짧아졌다. 대한민국은 2000년대 이후 평균 수명이 급격히 늘어났지만, 건강 수명은 거의 그대로다. 그 말은 사람들이 오래 살지만, 오래 아프고 오래 고통받고 있다는 뜻이다. 세계보건기구(WHO)의 기준으로 보면 한국인의 평균 수명이 83.6세, 건강 수명은 약 73.1세라고 한다. 나머지 10년은 병상에서 혹은 누군가의 도움을 받아야 살아갈 수 있는 시기다. 그래서 어떤 학자는 말한다.

"백세 시대는 축복이 아니라 지옥의 연장일 수 있다"

백세 시대가 되면 자연스럽게 노인 인구가 전체의 중심축이 된다. 문제는 그 노인을 위한 의료비, 연금, 돌봄 비용이 점점 커지고 있다는 점이다. 국민건강보험 재정이 점점 악화되어 가고 있고, 노인 진료비는 전체 의료비의 절반 이상을 차지한다. 소득 없이 지출만 늘어가는 이 구조는 지속 가능하지 않다. 또한 고령자층의 사회적 고립, 우울, 자살률 상승은 사회적 비용으로도 연결된다. 이 모든 것이 한 나라의 시스템을 압박하는 요인이 되고 있다. 그러므로 단순히 오래 사는 것이 아니라 어떻게 살아야 하는가, 어떤 사회 시스템을 준비해야 하는 가가 더 중요한 시대가 되었다.

다시 질문하자. 당신은 백세까지 살고 싶습니까? 이 질문에 망설이지 않고 '네'하고 말할 수 있으려면, 우리는 건강 수명을 늘릴 준비를 해야 하고 의존이 아닌 자립형 노년기를 살아갈 수 있어야 한다. 걷기, 식사, 수면, 관계, 신앙, 배움, 봉사… 이 모든 것이 어우러진 살아 있는 노년이어야 백세는 축복이 된다.

 이 책을 읽는 당신이 노인이라면, 당신은 더 이상 불필요한 존재가 아니라 이 사회를 지탱하는 중심이라는 것을 꼭 기억했으면 좋겠다. 그리고 당신이 중년이라면 지금부터 늙는 법을 배우고, 늙음을 존중하며, 노인을 통해 인생을 이해하는 통로가 열리기를 바란다. 노인 나라는 피할 수 없는 현실이다. 그러나 그것이 위기가 아니라 더 성숙하고 더 깊은 사회로의 전환점이 될 수 있다. 이 책이 여러분들의 손에 전해져 하루를 더 용기 있게 살아가는 힘이 되기를 소망한다. 그리고 나 자신도 그런 노인이 되어 가길 기도하며 오늘도 걷는다.

생로병병병돌봄사

장수는 축복일까, 고통일까? 예전에는 70세만 되어도 큰 어른 대접을 받았다. 하지만 지금은 80, 90세는 물론이고 백세를 바라보는 사람이 흔하다. 우리는 분명히 장수 시대에 살고 있다. 수명의 연장은 의학의 승리로 여겨졌고, 많은 이들이 오래 사는 것을 복으로 생각한다.

인간의 삶은 흔히 생로병사(生老病死)로 요약된다. '태어나고 늙고 병들고 죽는다'는 너무나 당연한 삶의 순환처럼 들리지만, 지금 우리의 현실은 이 네 글자보다 훨씬 더 무겁고 길어졌다. 지금은 '생-로-병-병-병-돌봄-사(生老病病病 돌봄死)'의 시대다. 의학의 발전은 생명을 연장했지만, 삶의 질을 담보하지는 못했다. 우리는 이제 얼마나 오래 사느냐 보다 '어떻게 늙고', '어떻게 돌봄을 받으며', '어디에서 죽음을 맞이하느냐'를 고민해야 할 때다. 100세까지 장수하는 시대지만, 그중 마지막 10~15년은 요양원이나 요양병원에서 암, 혈관 질환, 관절염, 당뇨, 치매와 싸우며 침대에 누워 보내는 현실이 단지 개인의 운명이 아니라, 우리 모두가 마주하게 될 사회적 문제다.

아프면 병원에 가고 약을 먹고 수술을 받는다. 그러나 근본적인 해결이 되지 않는다. '낫는다'는 개념보다 '관리한다'는 표현이 더 익숙하다. 그러다 어느 순간 스스로 걷지 못하게 되고, 집에서 돌보던 가족들도 지쳐 병원이나 요양 시설로 보낼 수밖에 없게 된다. 그것이 지금 한국의 노후 일상이다. 의학은 생명을 연장했지만, 고통 없이 사는 시간을 연장하지는 못했다. 특히 가족의 부담은 막대하다. 한 사람이 오래 병상에 누워 있다는 것은 그만큼 다른 가족의 시간, 경제력, 감정이 소모된다는 뜻이다. 부모를 요양병원에 모시고 온 자녀는 죄책감을 느끼고, 가끔 얼굴을 비추는 것도 힘겨운 일이 된다. 오히려 가족관계는 멀어지고 갈등은 깊어진다. 장수는 축복이 될 수도 있고 고통이 될 수도 있다. 그것은 전적으로 준비에 달려 있다.

노쇠는 질병이다

나이가 들면 누구나 몸이 예전 같지 않다고 말한다. 관절이 쑤시고, 숨이 가빠지고, 근육이 줄고, 자꾸만 넘어지고, 생각도 느려진다. 많은 이들은 이 변화를 '그냥 늙어서 그래'라고 말한다. 그러나 최근 의학은 이 변화에 대해 이렇게 말한다. "그건 단순한 노화가 아니라 노쇠(frailty)라는 질병입니다." 노쇠는 나이가 들면서 신체적, 정신적 기능이 서서히 약화되고 여러 질병에 쉽게 노출되는 상태를 말한다. 걷는 속도가 느려지고, 쉽게 피로해지고, 체중이 감소하고, 균형 감각이 떨어지고, 기억력이 저하되며 일상생활이 힘들어지는 증상이 나타난다. 이 노쇠는 단지 나이 탓이 아니라 적극적으로 관리하고 치료해야 할 질병이다.

 한국의 65세 이상 노인의 약 30%가 이미 노쇠 상태에 있다는 보고가 있다. 80세 이상 고령층으로 가면 이 비율은 더 높아진다. 문제는 노쇠는 회복이 어렵고 다른 병으로 이어지는 시작이 된다는 점이다. 노쇠하면 뼈가 약해지고 근육이 줄어든다. 이로 인해 낙상의 위험이 커지고, 낙상은 골절로, 골절은 침상 생활로, 침상 생활은 욕창과 폐렴, 근감소증과 치매로 이어진다. 이렇게 연쇄적으로 무너지는 체력의 사슬은 결국 한 사람을 병상의 인간으로 만들게 된다. 노쇠는 단지 몸의 문제가 아니다. 마음과 두뇌도 함께 무너진다. 우울감, 무기력, 외로움, 인지 저하까지. 그래서 노쇠는 신체적, 정신적, 사회적 기능이 한꺼번에 약화되는 복합적 질병이다.

 이 노쇠를 예방할 수 있는 가장 중요한 것은 걷기와 근육 유지다. 무엇보다 중요한 사실은 노쇠를 방치하면 병원으로 이어지고, 병원 의존은 요양으로, 요양은 사회적 죽음으로 연결된다는 것이다. 실제로 많은 노인들이 병원이나 요양 시설에 들어가기 전 몇 년 동안 이런 과정을 겪는다. 처음엔 혼자 걷다가 지팡이를 짚고, 그 다음은 보행기를 쓰다가 결국 휠체어에 앉는다. 그러다 침대에서 일어나지 못하고 마침내 완전 의존 상태가 되는 것이다.

요양원, 죽음을 기다리는 집

 요양원과 요양병원. 인생의 마지막 집이 된 공간들. 그곳은 치료하는 병원일까? 죽음을 기다리는 집일까? 노인이 병들고 가족의 돌봄이 한계에 이르면 도착하는 곳이 바로 요양병원이나 요양원이다. 요양병원은 의료기관으로 의사의 진료, 간호사의 처치, 약 처방, 물리치료 등이 가능하다. 주로 만성 질환이 있는 노인, 치매 환자, 회복이 어려운 환자들이 입원한다. 요양원은 생활 기관으로, 주로 스스로 생활이 어려운 노인들이 식사, 배변, 위생 등의 도움을 받으며 지내는 곳이다. 의료 행위는 제한적이며 주로 간병과 생활 돌봄이 중심이다.

 하지만 두 곳 모두 많은 노인들이 인생의 마지막 시간을 보내는 공간이라는 점에서는 같다. 문제는 이 공간이 삶의 질이 아니라 죽음을 기다리는 병실이 되는 경우가 많다는 것이다. 좁은 병실, 휠체어, 간병인, 커튼 하나로 나뉜 칸막이. 하루 세 번의 식사 시간 외엔 아무 일도 일어나지 않는 텅 빈 시간들. 말벗도 없고 웃음도 없다. TV 소리만 반복되고 복도엔 휠체어 바퀴 소리만 울린다. 많은 환자들이 하루 종일 누워 있다. 낮에도 커튼은 닫혀 있고 빛은 희미하다. 하루의 구분이 없고 시간의 감각은 흐려진다. 자신의 이름도, 가족의 얼굴도, 오늘이 몇 월 며칠인지도 모른 채 살아간다. 가끔 가족이 면회를 오면 짧은 대화와 과일 몇 개, 그리고 "조만간 또 올게요"라는 말만 남을 뿐 다시 긴 침묵과 기다림의 시간이 있을 뿐이다.

 누군가는 '요양병원에 가면 돌아오지 못한다'고 말한다. 그 말이 과장처럼 들릴 수 있지만 현실이다. 많은 이들이 그곳에서 몇 년을 지내다가 조용히 생을 마감한다. 문제는 돌봄이 아니라 삶의 부재다. 먹고, 씻기고, 눕히는 것만으로는 인간다운 삶이라 할 수 없다. 사람은 돌봄만으로 살 수 없다. 존중받고 싶고, 의미를 느끼고 싶고, 소통하고 싶다. 그러나 그 모든 것이 요양 시설 안에서는 점점 사라진다. 요양병원에 오래 머물면 오히려 상태가 나빠지는 경우도 많다. 움직이지 않아 근육이 빠지고, 말을 하지 않아 인지력이 떨어지고, 외로움이 깊어져 생명 의지조차 꺼진다. 하지만 많은 가족들은 선택의 여지가 없다. 경제적 이유, 돌봄의 현실, 다른 대안이 없기 때문이다. 그래서 요양병원은 이제 필요악이 아닌 필연적 현실이 되었다. 이제 우리는 이 질문을 던져야 한다. 나는 요양병원에서 마지막을 맞이하고 싶은가? 그곳은 내가 머물고 싶은 집인가?

잘 사는 것만큼 중요한, 잘 늙는 법

 그래서 우리는 늙는 것보다 노쇠해지는 것을 더 두려워해야 한다. 그리고 지금 부터라도 준비하고 훈련해야 한다. 노쇠는 피할 수 없는 운명이 아니라 관리할 수 있는 질병이다. 그리고 그 질병은 바로 오늘의 생활 습관에서 예방할 수 있다. 그 중에 제일 중요한 것이 걷기다.

늙는 것은 피할 수 없지만, 병드는 것은 줄일 수 있다.

그렇다면 우리는 묻지 않을 수 없다. 정말 병 없이 늙을 수는 없는 것일까? 아프지 않고 스스로 움직이며 삶을 주도하며 늙어갈 수는 없을까? 그 열쇠는 생각보다 가까이 있다. 걷기다! 걷기는 가장 간단하면서도 가장 강력한 노화 방지 약이다. 걷기로부터 다시 시작하자! 걷는 사람은 늙어도 노쇠하지 않는다.

마지막 순간까지 걸을 수 있는 축복

태어나는 건 선택이 아니지만, 어떻게 떠날지는 우리의 몫이다. 삶은 시작보다 끝이 더 중요하다. 많은 사람들이 '어떻게 살아야 할지'는 고민하지만, '어떻게 늙고 어떻게 죽을지'는 거의 준비하지 않는다. 그래서 우리는 너무 많은 불행한 죽음을 목격한다. 그리고 그 죽음은 단지 한 사람의 일이 아니라 남겨진 가족 모두의 상처가 된다.

우리 사회는 이미 노인의 나라로 들어섰다. 길을 걷는 사람 다섯 명 중 한 명이 65세 이상이고, 요양병원은 넘쳐나며, 가족은 돌보는 데 지쳐 무너지고 있다. 이제는 말해야 한다. 생로병사라는 고전적 순환에 병명이 하나 더 붙은 현실과, 노쇠와 돌봄의 시대를 우리는 살고 있다.

돌봄은 나이의 문제가 아니라 인생의 문제다. 병상은 노인의 문제가 아니라 가족과 공동체의 문제다. 노인 혼자 준비하는 것이 아니라 사회가 함께 설계해야 할 숙제다. 하지만 아무리 좋은 정책이 나와도 마지막 순간을 감당하는 주체는 결국 나다. 그 누구도 내 인생의 끝을 대신 살아줄 수 없다. 아무리 돈이 많고 자식이 많아도 그 자리를 대신 누워 줄 사람은 없다. 그러니 마지막은 의탁이 아니라 결단이어야 한다.

 나는 내 몸의 주인으로, 내 삶의 설계자로, 내 죽음의 연출자로 살고 싶다. 노년의 병상은, 죽음은, 인생의 실패가 아니다. 그것은 또 다른 시기이며 새로운 의미의 시간이 될 수 있다. 걷는 힘이 남아 있다면 걷고, 말할 수 있다면 감사를 말하고, 기도할 수 있다면 기도하자. 그리고 사랑할 수 있을 때 사랑하자. 삶의 끝은 그동안 내가 어떤 삶을 살아왔는지를 보여주는 마지막 장면이다. 그 장면이 쓸쓸하고 고통스러운 장면이 아니라 따뜻하고 평화로운 장면이 될 수 있도록 오늘, 지금부터 준비하자. 죽음은 마지막 재난이 아니라, 삶을 더 깊이 살게 만드는 기회다.

 우리의 마지막 삶을 다할 때까지 걸을 수 있는 것은 가장 큰 축복이다.

노인 냄새

나이가 들면 얼굴에 주름이 늘고 머리칼이 하얗게 변하는 눈에 보이는 흔적들은 자연스럽게 받아들인다. 그러나 눈에 보이지 않지만 주변 사람들에게 더 크게 다가오는 변화가 있다. 바로 냄새다. 흔히 '노인 냄새'라 불리는 이 체취는 때로는 가족과 친구들 사이에서도 불편한 거리가 되곤 한다. 그렇다면 왜 나이가 들면 이런 냄새가 나는 걸까?

사람에게는 누구나 고유한 냄새가 있다. 아기의 냄새는 '천사의 향기'라 불릴 만큼 순수하고 달콤하다. 어린아이는 땀 냄새조차 햇살에 마른 빨래처럼 상쾌하다. 청소년과 젊은이는 호르몬 분비가 활발해 활동적인 땀 냄새가 나고, 중년에 들어서면 몸의 대사와 식습관이 냄새를 좌우한다. 나이가 들수록 체취가 달라지는 것도 사실이다.

인생의 계절에 따라 변하는 냄새는 다양하다.

아기가 태어나면 온 집안 공기가 달라진다. 부모는 물론 주변 사람들까지도 아기를 품에 안으면 묘한 향기를 느낀다. 흔히 '아기 냄새'라 불리는 그 향기는 따뜻하고 달콤하면서도 순수하다. 어떤 사람은 우유 냄새 같다고 하고, 어떤 이는 햇살에 갓 말린 빨래 같은 향기라고 표현한다. 과학적으로 분석해보면 아기 몸에서 나는 냄새는 태어나면서 형성되는 피지와 땀, 모유의 성분, 그리고 아기만의 대사 과정이 어우러져 만들어진다. 그러나 단순히 성분의 문제가 아니라, 아기 냄새에는 생명의 신비와 순수함이 담겨 있다. 아기의 냄새는 부모에게 안정감을 주고 양육 본능을 일깨우는 힘이 있다. 실제로 심리학 연구에 따르면 아기의 냄새를 맡을 때 어머니의 뇌에서 도파민이 분비되어 행복감과 보상감을 느낀다고 한다. 즉, 아기의 냄새는 일종의 자연적인 사랑의 자극제인 셈이다. 피곤하고 지친 부모도 아기를 안고 그 냄새를 맡는 순간 마음이 차분해지고 기쁨이 솟아오르는 경험을 한다.

사춘기 시기에는 남성과 여성 모두 성호르몬 분비가 집중된다. 남성에게는 테스토스테론, 여성에게는 에스트로겐과 프로게스테론이 활발히 작용한다. 이 호르몬들은 몸의 성장뿐 아니라 땀샘과 피지선의 활동을 자극한다. 특히 겨드랑이에 있는 아포크린 땀샘은 사춘기 이후 활성화되면서 특유의 체취를 만든다. 그래서 청소년기의 아이들에게서 갑자기 어른 냄새가 나기 시작하는 것이다.

중년의 냄새는 타고난 체질이나 호르몬의 변화만이 아니라 그 사람의 삶의 방식이 고스란히 담겨 있다. 무엇을 먹고 어떤 습관으로 살아가는지가 더 큰 영향을 미친다. 중년에 접어들면 건강 관리가 체취 관리와 직결된다. 비만, 당뇨, 간 질환 같은 생활 습관병은 특유의 냄새를 만든다. 당뇨 환자에게는 달콤한 아세톤 냄새가 나기도 하고, 간 질환이 있는 사람에게서 특유의 알싸한 체취가 난다. 따라서 몸의 냄새는 곧 건강의 신호다. 자신이 맡지 못해도 주변 사람들은 알아차린다.

노년의 냄새는 인생의 긴 여정을 지나온 흔적을 담고 있다. 흔히 '노인 냄새'라 부르는 이 냄새는 단순히 위생의 문제가 아니라 자연스러운 노화 현상에서 비롯된다. 사람이 나이를 먹으면 몸의 대사 과정이 변한다. 피지선의 활동이 줄고 피부에 있는 지방산이 산화되면서 노네랄(Nonenal)이라는 물질이 만들어지는데, 이것이 바로 노인 냄새의 주된 원인이다. 젊었을 때는 거의 나타나지 않는 이 성분이 40대 이후부터 점점 증가하고, 60대 이후에는 뚜렷해진다. 즉, 노인의 체취는 나이가 들면서 생기는 자연스러운 생리적 변화다. 또한 침샘 기능이 떨어지면서 입이 자주 마르게 되고, 치아가 약해지며 잇몸 질환이 생기면 구취가 심해진다. 소화 능력이 약해지고 장 건강이 무너지면서도 특유의 냄새가 난다. 몸속의 변화가 냄새로 드러나는 것이다. 그리고 나이가 들면 간과 신장의 해독 능력이 떨어져 몸속 노폐물이 쌓이게 된다. 이 노폐물은 땀이나 숨을 통해 배출되면서 냄새를 만든다. 그래서 운동을 하지 않고 땀 배출이 줄어들면 오히려 노폐물이 더 쌓여 냄새가 강해질 수 있다.

 노년의 냄새는 노화로 인한 변화에만 그치지 않는다. 씻는 횟수가 줄고 속옷과 옷을 자주 갈아입지 않으면 체취는 더 강해진다. 특히 홀로 사는 노인의 경우, 스스로 위생을 챙기지 못하거나 귀찮아서 방치할 때 냄새가 심해진다. 흔히 말하는 '홀아비 냄새'도 이와 같은 생활 습관의 결과다.

 나는 어머니께 자주 씻고 속옷을 자주 갈아입으라고 잔소리를 하곤 한다. 나이가 들수록 방광 기능이 약화되어 소변이 샐 수 있고, 항문의 괄약근이 약해져 변이 새어 나올 수 있기 때문이다.

 노인의 냄새는 가족과 사회적 관계에도 영향을 준다. 본인은 잘 느끼지 못하지만 곁에 있는 사람들은 금세 안다. 냄새가 관리되지 않으면 사회적 거리감이 생긴다. 친구나 이웃이 곁에 있기 힘들어지고, 복지관이나 모임에서도 무심코 거리를 두게 된다. 반대로 깨끗한 향기를 풍기는 노인은 누구 와도 함께하기 편하고 관계가 더 가까워진다. 결국 냄새는 관계를 지키는 다리이자 거리를 만드는 벽이 될 수 있다.

걷기는 냄새마저 바꾼다

 나는 많은 사람들과 함께 걸으며 느낄 수 있다. 걷는 사람들은 땀을 흘려도 그 냄새가 거북하지 않다. 오히려 함께 걷고 난 뒤 풍기는 땀 냄새 속에는 건강, 성취, 기쁨의 향이 담겨 있다. 반대로 오랫

동안 움직이지 않고 생활한 사람에게서 나는 냄새는 눅눅하고 유쾌하지 않다.

 운동하는 몸은 냄새부터 다르다. 운동은 몸을 건강하게 만들 뿐 아니라 냄새를 바꾼다. 땀 냄새가 불쾌하지 않고 상쾌하게 느껴지는 것은 그 땀이 건강하기 때문이다.

 사람은 누구나 자신만의 냄새를 가지고 살아간다. 어떤 이는 만나면 향긋한 여운을 남기고, 어떤 이는 불편한 냄새를 풍기며 주변을 힘들게 한다. 우리가 살아가는 동안 풍기는 냄새는 단순히 몸에서 나는 향이 아니라, 말과 행동, 삶의 태도에서 풍겨 나오는 인생의 향기다.

 나는 어떤 냄새를 풍기며 살고 있는가?

노인 아들 노인 엄마

나와 어머니가 사는 집은 차로 30분 거리다. 아버지가 소천하신 지 벌써 2년이 지났다. 마지막 한 달, 신장 문제로 투석을 시작하셨는데, 그 힘겨운 치료가 몸을 더 약하게 만들었다. 투석을 시작한 지 한 달도 안 되어 아버지는 우리 곁을 떠나셨다. 그때부터 집안의 중심은 어머니로 옮겨졌다.

연세에 비해 비교적 건강하신 편이지만, 젊었을 때부터 류마티스 관절염으로 인해 한쪽 무릎이 심하게 아프셔서 걸음걸이가 불편 하시다.

어머니에게는 아들이 둘 있다. 올해 예순 세 살인 동생도 어엿한 노인의 문턱에 들어선 사람이다. 하지만 이상하게도 어머니는 나만 찾으신다. 무슨 일만 생기면 제일 먼저 나에게 전화를 건다.

나를 가장 긴장시키는 건 늦은 밤이나 이른 새벽 전화벨 소리가 울릴 때다. 가슴이 철렁 내려앉는다. 벨 소리가 끊어지기 전에 얼른 받는다. '혹시라도 무슨 일이 생긴 건 아닐까, 넘어지신 건 아닐까, 숨이 가쁜 건 아닐까'하는 생각들이 한꺼번에 몰려온다. 어머니의 목소리가 밝으면 그제야 숨을 돌린다. "너 뭐하냐~ 그냥 네 목소리 듣고 싶어서…" 이렇게 말씀하실 땐 나도 웃는다. 하지만 반대로 울먹이며 전화를 하실 때면 나도 순식간에 긴장 모드로 들어간다. "무슨 일이에요?" 목소리가 다급 해진다. "야~ 리모컨이 고장 났는지 TV가 안 나오는데, 난 TV가 안 나오면 심심해서 안 돼. 빨리 와서 TV 좀 손을 봐줘." 또 어느 날은 "야~ 밖에 잠깐 나갔다 왔는데 문이 잠겨서 안 열려." 이처럼 소소한 일들이 어머니에게는 가장 큰일이 되는 것이다.

그런 전화를 받으면 나는 하던 모든 일을 멈추고 어머니에게 달려갈 수밖에 없다. 그럴 때 내 마음 안에는 여러 가지 감정들이 교차된다. '내가 언제까지 감사함으로 감당할 수 있을까?', '동생도 있는데 왜 굳이 나에게만…' 돌봄은 단순히 분배로 해결되는 것이 아닌 것 같다. 어머니 마음이 향하는 사람이 있고, 그 부름에 응답하는 사람이 있는 것이다. 그게 내가 된 것이다. 물론 가끔은 서운하다. 나도 내 삶이 있고 내 몸도 지칠 때 모든 부담이 나에게 쏠린다는 생각이 들 때가 있다.

그러나 시간이 지나면서 깨닫는다. 어머니가 나를 찾는 이유는 단순히 내가 잘해주기 때문이 아니라, 내가 어머니의 마음이 놓이는 사람이기 때문이다. 나는 안다. 이 시간도 끝이 있다는 것을. 아버지 때도 그랬듯이. 언젠가는 전화벨이 울리지 않는 날이 올 것이다. 그날이 오면 그리움과 함께 빈자리만 남을 것이다. 그래서 지금 무겁고 힘이 들 때도 있지만, 이 시간을 붙잡고 있다.

노노케어, 우리의 현실

우리는 백세시대라는 말을 자랑처럼 쓰지만, 그 안을 들여다보면 다른 현실이 보인다. 수명이 길어진 만큼 부모도 오래 살고 자식도 늙는다. 과거에는 40대 자식이 60~70대 부모를 돌봤다. 지금은 60대 자식이 90대 부모를 돌본다. 노인이 또 다른 노인을 부양하는 시대, 이른바 노노케어가 현실이 되었다. 이 상황은 단순히 가족의 문제가 아니다. 사회 구조와 복지 시스템이 따라가지 못하는 가운데, 돌봄의 무게는 고스란히 가족 개인의 어깨로 내려앉는다. 그 무게를 감당하는 사람은 대부분 체력과 경제력 모두 예전보다 떨어진 노인 자식이다.

돌봄은 사랑에서 시작되지만, 시간이 지날수록 그 안에 피로가 켜켜이 쌓인다. 처음에는 효도와 책임감이라는 마음으로 채우지만, 하루 이틀이 아니라 수년간 이어지는 돌봄은 몸뿐만 아니라 마음을 갉아먹는다. 특히 노노케어처럼 돌보는 자식도 나이가 들었을 경우, 피로와 스트레스가 더 빨리 쌓인다. 번아웃은 단순한 피곤함이 아니다. 돌봄의 의욕이 떨어지고 예전에는 웃으며 하던 일도 귀찮아지고 작은 일에도 짜증이 솟아오른다. 심하면 '이 일을 내가 꼭 해야 하나?'

하는 회의감이 몰려온다. 그리고 이런 감정이 죄책감과 섞이면서 마음의 상처가 더 깊어진다.

 돌봄 중에 가장 무거운 감정은 '죄책감'이다. '더 잘할 수 있었는데…', '왜 이렇게 짜증을 냈을까' 하는 마음이 자주 든다. 그러나 완벽한 돌봄은 없다. 나도 사람이고, 지치면 화도 나고 실수도 한다. 중요한 건 잘못을 반복하지 않겠다는 마음과 내 자신을 용서하는 용기다. 돌봄은 단거리 달리기가 아니다. 마라톤이다. 마라톤을 뛰는 사람은 초반에 전력 질주하지 않는다. 중간에 호흡을 가다듬고 물을 마시고 페이스를 조절한다. 돌봄도 이와 같다. 나를 지키는 것은 끝까지 완주하기 위한 필수 조건이다.

나는 엄마 곁에서 대기 중인 사람

 걷는 것이 불편하시니 어머니 옷도 내가 사드린다. 요즘은 인터넷이 편해서 휴대폰 화면으로 사진을 보여드리면 "이건 색이 너무 칙칙하다", "이건 꽃무늬가 예쁘네~" 하신다. 그 말투는 90살의 노인이 아니라 오히려 한껏 꾸미고 싶은 소녀 같다. 생필품도 마트에서 내가 챙긴다. 세제, 휴지, 두유, 과일. 그리고 가끔 어머니가 필요한 것을 말씀하시면 그 자리에서 메모를 한다.

 이제 나는 안다. 돌봄이라는 건 단순히 밥을 챙기고 병원에 모시는 일만이 아니다. 돌봄은 늘 대기 상태로 사는 것이다. 마음이 언제나 문 앞에 나와 있는 것, 벨이 울리면 바로 뛰어갈 준비를 하는 것, 그게 진짜 돌봄이다.

 나는 이제 안다. 나를 잘 돌보는 것이 곧 어머니를 잘 돌보는 길이라는 것을. 그래서 오늘도 어머니의 전화를 기다리면서도 내 마음을 지키는 작은 습관을 놓치지 않는다. 그것이 내가 오래 후회 없이 이 길을 걸어갈 수 있는 방법이다. 그래서 나는 오늘도 걷는다. 나를 위해서, 우리 어머니를 위해서.

장수의 역습 간병 살인

뉴스에 치매를 앓고 있는 80대 아내를 살해하려 한 남편이 경찰에 붙잡혔다는 내용이 보도되었다. 남성은 경찰 조사에서 간병 스트레스 등을 이유로 혐의를 시인했다. 또한 "16년간 간병하던 장애인 형을 살인한 동생"이라는 제목으로 돌봄 사각지대와 가족 파국에 대한 뉴스도 있었다. 지난해 6월 전남 무안군의 한 선착장에서는 15년 동안 치매 어머니를 간호한 형제가 70대 어머니와 50대 친형과 함께 차량을 바닷가로 몰아 동반 추락하는 사건이 있었다.

100세 시대, 축복일까, 재앙일까? 우리가 귀에 못이 박히도록 들어온 말이지만, 이제는 그 진실을 직시해야 한다. 오래 사는 것이 반드시 행복과 직결되지 않는다는 사실 말이다. 평균 수명이 길어진 현대 사회에서 장수는 단순한 선물이 아니라 감당해야 할 부담이 되었다.

특히 부모를 자녀가 끝까지 모셔야 한다는 전통적 가치관이 강한 한국 사회에서 장수는 새로운 재앙의 얼굴로 나타난다. 바로 간병 살인이라는 극단적인 비극으로.

일본은 한국보다 약 10년 먼저 초고령 사회에 진입했다. 그곳에서 벌어진 수많은 간병 살인 사건들은 한국 사회가 직면할 미래를 보여주는 거울이다. 일본 경찰청 발표에 따르면 매년 수백 건의 가족 내 간병 살인이 보고된다. 대부분은 수십 년을 돌봄에 매달린 배우자나 자녀가 한계에 도달했을 때 벌어진다. 눈에 잘 드러나지 않지만, 그 밑바닥에는 '가족 돌봄의 파탄'이라는 거대한 구조적 문제가 자리한다.

한국도 빠르게 같은 길을 걷고 있다. 이미 65세 이상 인구가 전체의 20%를 넘어섰고, 80세 이상 초고령층이 급격히 증가하는 중이다. 겉으로는 활기찬 '액티브 시니어'를 강조하지만, 실제로는 점점 더 많은 가정에서 치매와 노인성 질환으로 인한 돌봄 문제가 가족의 삶을 옥죄고 있다. 부모의 돌봄을 떠맡은 50대, 60대 자녀는 자기 노후를 준비할 시간과 자원을 잃고, 20~30대는 부모 세대의 고통과 좌절을 바라보며 가족이라는 제도의 의미를 의심하게 된다. 이렇게 3세대가 동시에 무너지는 연쇄 붕괴가 고령화 사회의 실상이다.

간병 살인, 개인의 비극이 아닌 사회적 문제

간병 살인은 단순한 범죄가 아니다. 그것은 사회가 고령화 문제를 해결하지 못한 채 모든 짐을 가족에게 떠넘긴 결과다. 일본에서 '간병 살인'이라는 말이 사회적 용어로 자리 잡았듯, 한국도 머지않아 같은 길을 걸을 것이다. 이미 언론에 보도된 사례들을 보면, 오랜 기간 치매 아버지를 돌보다 지쳐버린 아들, 병상에서 일어나지 못하는 아내를 수년간 간호하다가 결국 함께 극단적 선택을 한 남편 등 사랑과 의무가 절망과 파괴로 변하는 장면들이 반복되고 있다.

이 비극의 근원에는 '장수의 역습'이 있다. 인간은 오래 살고 싶어 하지만, 준비 없는 장수는 가족을 짓누른다. 한때는 '효도'라 불렸던 돌봄이 이제는 가족 구성원을 병들게 하는 짐이 된 것이다.

우리는 여전히 '부모는 자식이 모셔야 한다'는 말을 당연하게 여긴다. 하지만 현실은 다르다. 돌봄이 길어질수록 가족은 병들고 관계는 파괴된다. 더 이상 자녀의 희생만을 강요할 수 없는 시대가 된 것이다. 그렇다면 묻지 않을 수 없다. 부모의 마지막을 어디서 누구와 보낼 것인가? 돌봄의 무게를 어떻게 사회적으로 나눌 것인가? 이 질문에 대답하지 못한다면 한국 사회는 일본이 이미 겪은 간병 살인의 현실을 고스란히 되풀이하게 될 것이다.

간병 스트레스의 4단계

간병은 단순히 한 사람을 돌보는 일이 아니다. 그것은 가족 전체의 삶을 고통스럽게 한다. 처음에는 부모를 향한 사랑과 의무감으로 시작한다. '내가 아니면 누가 모시겠나?'라는 마음으로 간병을 맡는다.

하지만 시간이 흐르면서 그 무게는 상상을 초월한다. 잠을 설쳐가며 밤새 환자를 살피고, 직장을 그만두고 부모 곁을 지키며, 사회적 관계를 끊어가면서까지 돌봄에 매달린다. 하루 이틀은 견딜 수 있다. 그러나 몇 달, 몇 년이 이어지면 돌봄은 개인의 삶을 송두리째 집어삼킨다. 결국 간병은 한 사람의 문제가 아니라 가족 전체의 파괴로 이어진다.

전문가들은 간병자가 겪는 스트레스 과정을 네 단계로 설명한다.

첫번째 부담이다. 처음에는 부모를 돌본다는 책임감과 부담이 시작된다. 경제적, 시간적 희생이 뒤따른다.

두번째 소진, 몇 달이 지나면 체력과 정신이 고갈된다. 수면 부족, 우울, 만성 피로가 쌓인다. '언제까지 이 생활을 해야 하나?'라는 회의가 밀려온다.

세번째 끝나지 않는 돌봄 속에서 간병자는 분노를 느낀다. 부모를 사랑하지만 동시에 원망하게 된다. 때로는 자신을 돌보지 않는 가족, 함께 책임지지 않는 형제에게 분노가 향한다.

네번째 단계는 절망이다. 도망치고 싶지만 떠날 수 없다. 끝내 벗어날 방법이 없다는 무력감 속에서 극단적인 선택을 떠올리게 된다. 바로 이 지점에서 간병 살인이나 동반 자살이 발생한다.

가족을 지키기 위한 고백, "그러니까, 걷자!"

이제 한국 사회는 본격적인 노노케어(노인이 노인을 부양) 시대에 들어섰다. 노인이 노인을 부양한다는 역설은 단순한 사회 현상이 아니라, 장수 사회가 몰고 온 역습의 실체다. 오래 사는 것 자체는 분명 복이지만, 준비 없는 장수는 가족을 고통으로 몰아넣는다.

노노케어 문제를 해결하기 위해서는 국가와 사회가 적극적으로 개입해야 한다. 재정적 지원, 지역사회 돌봄 인프라, 요양 시설의 확충이 필요하다. 그러나 현재 정책은 여전히 미흡하다. 가족의 희생을 당연하게 여기는 사회적 분위기도 바뀌지 않았다.

노노케어 시대를 살아가는 우리는 이제 질문해야 한다. 노인의 돌봄은 정말 가족만의 몫이어야 하는가? 세대 전체를 무너뜨리는 구조를 사회적으로 바꾸지 않으면 우리는 모두 같은 길을 가게 될 것이다.

몇 년 전 일본에서 출간된 책 『이제는 부모를 버려야 한다』는 사회적 파장을 일으켰다. 제목만 들어도 가슴이 철렁한다. '부모를 버리다니…' 불효와 배신의 극치처럼 들리기 때문이다. 하지만 이 책이 말하고자 한 메시지는 단순히 부모를 외면하라는 것이 아니었다. 그것은 가족에게 모든 돌봄의 짐을 지우는 사회 구조 자체를 바꾸어야 한다는 절규에서 나온 책이었다.

부모도, 자식도 행복 하려면 돌봄의 방식을 바꿔야 한다. 부모는 자식에게만 기대지 않고 스스로의 노후를 준비해야 한다. 자녀는 죄책감에 묶이지 않고 사회적 지원을 통해 부모를 돌볼 수 있어야 한다. 그리고 국가는 개인의 문제로 떠넘기지 말고 제도적 돌봄 시스템을 강화해야 한다. "부모를 버려야 한다"는 말은 결국 부모를 존엄하게 돌보기 위해 사회가 나서야 한다는 요청이다. 가족만의 희생으로는 더 이상 장수 사회를 버틸 수 없다.

 장수는 분명 인류의 성취다. 하지만 그것을 축복으로 만들지, 재앙으로 만들지는 우리의 선택에 달려 있다. 준비 없는 장수는 돌봄의 지옥을 낳고, 준비된 장수는 삶의 연장을 축복으로 바꿀 수 있다. 장수는 오래 사는 것이 아니라 건강하게 오래 사는 것이다.

 나는 이 책을 쓰면서 여러 번 고민했다. 간병 살인이라는 단어 자체가 주는 무게가 너무 컸기 때문이다. 하지만 이 주제를 피해 갈 수는 없었다. 왜냐하면 지금 우리가 살아가는 시대가 바로 장수의 역습을 정면으로 겪고 있기 때문이다. 간병 살인이라는 비극적 사건들은 결코 남의 이야기가 아니라 우리 가족에게도 언제든 닥칠 수 있는 현실이라는 사실을 깨닫게 되었다.

 이 책은 부모를 버리라는 이야기가 아니다. 오히려 부모와 자식, 그리고 우리 가족 모두가 함께 무너지지 않도록 돌봄의 틀을 바꾸자는 호소다. 그리고 건강하게 오래 살아야 한다는 것을 다시 한번 강조하는 것이다.

 나를 위해서, 내 자녀들을 위해서 건강을 지키는 것이 가장 우선이다.

 "그러니까, 걷자!"

왕따 된 우리 엄마

우리 어머니는 올해 90살이다. 요즘 들어 더욱 예민해지고 외로움을 자주 느끼신다. 나이가 들수록 어디서나 소외되고 작은 일에도 서운함이 깊게 자리 잡는다. 특히 경로당, 교회, 동네 사람들, 친구들과 이야기를 나눌 때면 그 속에서 인정받고 싶고 존재감을 드러내고 싶은 마음이 더 커지는 것 같다. 그런데 우리 어머니에겐 다른 사람들에게 자랑할 거리가 많지 않다. 가진 재산도, 젊은 시절에 누렸던 명성도, 건강도 예전만 못하다. 그래서인지 요즘 어머니의 대화 주제는 거의 아들 자랑이다. "우리 아들이 이런 옷을 사줬어", "며느리가 가방을 사줬다니까", "우리 아들은 참 효자야~"

나는 잘난 아들이 아니다. 하지만 어머니의 눈에는 내가 세상에서 가장 든든하고 자랑스러운 존재다. 문제는 어머니의 이런 자랑이 반복되면서 사람들의 반응이 변해간다는 것이다. 처음에는 다들 미소 지으며 들어줬지만, 시간이 지나면서 같은 이야기가 계속 반복되자 여기저기서 "아이고~ 또 아들 자랑 시작이시네~ 그만 좀 하세요"라는 말이 나온다고 한다. 어떤 때는 교회에서 어머니와 대화를 나누던 사람들이 슬쩍 자리를 피해 버린다고 한다. 심지어 왕따처럼 느껴질 때도 있다고. 그것을 전해 들은 나는 가슴이 철렁 내려앉는다.

 2년 전 아버지가 소천하시고 나서 어머니의 외로움은 더욱 깊어졌다. 나는 가끔 "엄마! 너무 자랑만 하지 마요! 사람들이 불편할 수 있어"하고 조심스럽게 말씀드린다. 하지만 사람은 나이가 들면 자제력이라는 것도 예전 같지 않다. 그리고 더 중요한 건 그 자랑 속에 어머니의 절실한 마음이 숨어 있다는 것이다.

자랑 뒤에 숨은 외로움

 나이가 들면 기가 죽고 세상으로부터 멀어지는 느낌이 든다. 젊었을 때는 직장에서, 사회에서, 혹은 가정 안에서 역할과 책임이 있었다. 그런데 이제는 누군가의 도움이 필요한 존재로 바뀌면서 나의 가치가 줄어든 것처럼 느껴진다. 그래서 어르신들은 자랑을 통해 다시 존재감을 찾으려 한다. '나도 아직 사랑받는 사람이다', '내게도 소중히 여기는 가족이 있다', '나는 여전히 의미 있는 존재다'. 어머니의 아들 자랑은 결국 나를 사랑해주는 사람이 있다는 사실을 세상에 알리고 싶은 마음의 표현이다. 하지만 듣는 사람들이 그 마음을 헤아리지 못하면 그것은 곧 불편한 자랑으로 변해버린다. 그리고 그 불편함이 쌓이면 사람들은 거리를 두기 시작한다. 나이 들어서도 왕따가 생기는 이유다.

우리는 흔히 왕따라고 하면 학교를 떠올린다. 그러나 어르신들 사이에서도 왕따는 존재한다. 경로당, 교회, 마을회관, 복지관, 사람이 모이는 곳이라면 어디든 일어날 수 있다. 90살이 된 어머니도 여전히 누군가에게 인정받고 싶고 사랑받고 싶어 한다. 그것은 나이와 상관없는 인간의 본능이다. 우리는 부모님 세대의 반복되는 이야기 속에서 잔소리나 자랑만 듣지 말고, 그 뒤에 있는 마음을 보아야 한다. 그리고 사회도, 교회도, 마을 공동체도 어르신들이 존중받을 수 있는 문화를 만들어야 한다. 존재감을 잃어가는 노인의 자랑을 "또 시작이네"라고 잘라버리는 대신, "아, 그랬군요. 참 좋으셨겠어요?" 하고 한마디만 받아줘도 그분의 하루는 훨씬 따뜻해진다.

시니어 왕따, 소리 없이 진행된다

자랑은 본래 좋은 것이다. 내가 가진 것, 사랑받는 것, 누군가에게 인정받는 것을 기쁘게 나누는 행위다. 사람들은 좋은 일이 있으면 자랑하고 싶어 한다. 그것은 자연스러운 감정이다. 문제는 자랑이 반복되거나, 듣는 사람의 상황과 맞지 않을 때, 혹은 대화의 흐름과 어긋날 때다. 그 순간부터 자랑은 불편한 이야기로 변한다.

대화에서 중요한 건 균형이다. 서로 이야기가 오가야 하고, 주제가 조금씩 변해야 한다. 하지만 자랑이 중심이 되면 대화의 균형이 무너진다. 그러면 듣는 사람은 점점 말수가 줄고, 결국엔 자리를 피하고 싶어 진다. 시니어 모임에서의 왕따는 소리 없이 진행된다. 누군가를 대놓고 무시하거나 험담하는 대신, 말없이 거리를 두고 대화에서 배제하고 몸의 중심에서 자연스럽게 밀어내는 방식이다. 겉으로는 아무 문제가 없는 듯 보인다. 하지만 당사자는 그 공기를 안다. 이런 사소한 경험들이 쌓이면 한 사람은 모임 안에서 점점 투명인간이 되어간다.

젊었을 때는 사회생활을 하며 다양한 인간관계에 단련돼 있다. 하지만 노년기에 들어서면 관계망이 좁아지고 의지할 수 있는 모임의 수가 적어진다. 그 모임마저 자신을 배제한다면 갈 곳이 없어진다. 그래서 시니어 왕따의 상처는 청소년 시절보다 더 깊고 오래간다. 한 번 소외된 경험은 쉽게 잊히지 않고 그 사람의 자존감과 삶의 의욕을 크게 떨어뜨린다.

가끔은 가족이 부모님의 모임 상황을 들여다보고 문제가 심해지기 전에 개입해야 한다. 부모님이 모임에서 겪는 소외나 불편함을 가족이 먼저 알아차리고, 대화 기술이나 새로운 이야기 소재를 제공해 드리면 상황이 나아질 수 있다. 또한 부모님이 지나치게 자랑만 하거나 특정한 대화 습관 때문에 왕따가 되는 경우라면 그 부분을 부드럽게 조언해야 한다.

사회적 투명인간이 되지 않으려면

노년기의 삶은 활동 반경이 좁아질 수 있다. 갈 수 있는 곳, 만날 수 있는 사람이 제한적이다. 이때 지역 사회가 시니어를 존중하고 참여시켜주는 구조를 갖추면 노인은 여전히 필요한 존재로 살아갈 수 있다. 반대로 공동체가 무심하면 시니어는 사회적 투명인간이 된다. 아무도 묻지 않고, 아무도 부르지 않는 삶은 사람을 빠르게 늙게 만든다.

나는 걷기를 통해 몸과 마음이 많이 회복됐다. 이 책을 읽는 여러분도 함께 걷기를 통해 대화와 관계를 회복할 수 있다고 믿는다.

함께 오래 살아야 하는 부부

사람의 수명이 길어졌다. 예전에는 60, 70세만 되어도 장수라 불렀다. 그러나 이제는 80, 90세를 넘기고 백세를 사는 시대가 되었다. 인간의 수명이 늘어난다는 것은 "부부의 시간이 두 배로 늘어난다는 뜻"이기도 하다. 혼자 오래 사는 것도 쉽지 않은데, 부부가 함께 오래 산다는 것은 더 복잡하고 더 큰 의미를 가진다.

부부란 무엇일까? 서로 사랑해서 결혼했지만 그 사랑만으로 평생을 살아내는 것은 생각보다 쉽지 않다. 어떤 부부는 손을 꼭 잡고 평생을 함께 걸어가지만, 어떤 부부는 중도에 "더 이상은 못 견디겠다"며 헤어진다. 요즘에는 졸혼이라 하여 부부의 틀은 유지하되 각자의 삶을 따로 살아가는 방식이 등장했다. 또 황혼 이혼이라는 말도 낯설지 않다. 인생의 절반 이상을 함께 살고도 마지막 길목에서 갈라서는 부부들이 늘어나고 있는 현실. 왜 이런 일이 벌어질까? 단순히 사랑이 식어서일까? 아니면 긴 세월 속에서 겪어야 하는 수많은 갈등과 차이를 감당하지 못하기 때문일까?

부부는 때로 평생의 동반자로 불리지만, 때로는 '평생의 웬수'라는 말로 불리기도 한다. 가까운 만큼 상처도 크고, 기대한 만큼 실망도 크기 때문이다. 하지만 그럼에도 불구하고 나이 들어 가장 든든한 사람은 결국 배우자다. 자녀는 제 갈 길을 가고, 친구와 이웃도 어느 순간 멀어진다. 병원 진료를 같이 가주고, 밥상을 차려주며, 아플 때 옆에서 손을 잡아주는 이는 결국 배우자뿐이다. 그렇기에 오래 산다는 축복 속에서 부부의 관계를 어떻게 지켜내느냐는 인생 후반전을 좌우하는 가장 중요한 과제가 된다. 부부로 산다는 것은 단순히 사랑해서가 아니라, 참고 견디며 서로를 받아들이는 삶이다. 젊은 날의 뜨거운 사랑은 시간이 지나며 변한다. 그러나 변한다고 해서 사라지는 것은 아니다. 사랑은 뜨겁게 타오르는 불꽃에서 은근히 타오르는 장작불 같은 온기로 바뀐다. 갈등과 싸움, 후회와 미움 속에서도 다시 함께 밥을 먹고, 함께 잠을 자고, 함께 늙어간다는 것은 기적 같은 일이다.

결혼은 사랑만으로 유지되지 않는다

사랑은 모든 것을 이긴다고 믿었던 시절이 있었다. 연애할 때는 서로의 눈빛만 보아도 행복했고, 함께 있는 시간만으로도 세상이 달라보였다. 결혼식 날 두 사람은 평생을 함께하겠다고 서약했다. 그때는 정말 죽는 날까지 서로만 바라보며 살 수 있을 것 같았다. 그런데 왜 부부는 그렇게 자주 싸울까? 서로 사랑해서 결혼했는데 왜 시간이 지나면 갈등이 깊어지고 때로는 미움과 원망으로 변할까?

 결혼 생활 속에는 사랑보다 더 많은 현실적인 문제들이 끼어든다. 경제적인 부담, 자녀 양육, 시댁·처가와의 관계, 생활 습관의 차이, 성격 차이, 노후 준비까지 이 모든 것이 부부 사이에 얇고 보이지 않는 갈등의 벽을 만든다. 젊은 시절에는 '우리 사랑이면 다 이겨낼 수 있어!'라고 생각하지만, 실제로는 그 사랑도 현실 앞에서 무기력해진다. 부부 싸움의 본질은 사랑이 식어서 라기 보다는 '다름'을 받아들이지 못해서이다. 남편과 아내는 태어난 가정도 다르고, 자라온 환경도 다르며, 생각하는 방식도 다르다. 그 다름이 처음에는 신선하고 매력적으로 보이지만, 시간이 지나면서는 불편함과 짜증으로 변한다. 남편은 아내가 왜 그렇게 세세한 것을 따지는지 이해하지 못하고, 아내는 남편이 왜 그렇게 무심하고 무책임한지 답답해진다. 결국 다름은 갈등이 되고, 갈등은 싸움이 된다.

 또한 부부는 서로에게 가장 가까운 존재이기에 상처도 더 깊다. 직장 상사와 다투면 마음속에 담아두거나 잊을 수도 있지만, 배우자와의 갈등은 매일 얼굴을 마주해야 하기에 피할 길이 없다. 그래서 작은 말 한마디, 작은 행동 하나가 오래도록 마음에 남는다. 그렇다면 부부 싸움은 피할 수 없는 운명일까? 그렇지는 않다. 중요한 것은 갈등이 생겼을 때 어떻게 풀어 가는 가이다. 싸움은 끝이 아니라 과정

이어야 한다. 싸움 속에서 상대의 진심을 듣고 자신의 부족함을 깨닫고 다시 손을 잡는다면, 싸움조차 부부를 성숙하게 만드는 기회가 될 수 있다. 그러나 많은 부부가 싸움 속에서 상처만 남기고 화해하지 못한다. '내가 옳다'는 자존심, '왜 나만 참아야 하나'라는 억울함, '이미 늦었다'고 하는 체념이 마음을 굳게 닫아버린다. 이런 상태가 오래되면 결국 서로를 향한 미움과 냉정함만 남게 된다. 그리고 시간이 길어질수록 회복은 더 어려워진다.

나이가 들어갈수록 싸움은 더 깊고 치명적일 수 있다. 젊을 때는 다투고 나서도 금세 풀리고 다시 웃었지만, 60대, 70대 부부 싸움은 말 그대로 인생의 마지막 장면까지 영향을 준다. 어떤 노부부는 50년을 함께 살고도 마지막 순간에 "차라리 혼자 살았으면 편했을 텐데"라는 말을 남기기도 한다. 얼마나 아픈 고백인가 그렇다면 싸우지 않는 부부는 없을까? 사실 싸우지 않는 부부는 없다. 다만 싸운 뒤에도 함께 밥을 먹고, 함께 잠을 자고, 함께 삶을 이어가는 부부가 있을 뿐이다. 싸움은 피할 수 없지만, 끝내는 서로를 포기하지 않는 것. 그것이 부부이다.

우리 부부는 결혼한 지 35년이 되었다. 나도 결혼 초에 아내와 많이 싸웠다. 우리의 싸움도 예외 없이 부모와 자녀 문제, 재정, 성격 문제 등이었다. '싸워야 키 큰다', '아픈만큼 성숙해진다'고 했던가? 지금은 싸움의 내공이 생겨서일까? 어떻게 하면 싸움을 피할 수 있는지에 대한 노하우가 생겨서 잘 싸우지 않는다. 이제는 오히려 서로를 잘 아는 만큼 오랜 친구 같고, 인생을 함께 살아가는 가장 소중한 사람이다.

오래 사는 시대에 부부의 갈등은 더 깊고 무거울 수 있다. 그러나 동시에 더 많은 기회도 있다. 다투고 화해하며, 미워하고 다시 용서하며 그 과정을 수십 년 동안 반복하는 것이 부부이다. 그 길을 위해 배우는 것은 한 가지이다. 사랑은 변하지만, 사랑이 사라지진 않는다. 사랑은 결혼의 시작이지만, 갈등과 용서와 이해가 모여야만 결혼이 지속된다. 부부 싸움은 단순한 전쟁이 아니라 서로를 더 알아가고 함께 늙어가는 훈련이다. 결국 사랑해서 결혼했기에 싸우는 것이고, 싸우면서도 함께 사는 것이 바로 부부 관계이다.

졸혼, 황혼이혼, 그리고 익숙함의 저주

나이가 들어갈수록 삶은 단순 해진다. 돈, 명예, 성취도 중요하지만, 결국 가장 큰 힘이 되는 것은 내 편이 있다는 확신이다. 배우자가 내 편일 때 사람은 어떤 어려움도 견뎌낼 수 있다.

부부가 평생 동반자인 동시에 평생 웬수 라는 사실은 아이러니 같지만 오히려 이것이 부부의 진짜 모습이다. 사랑과 미움은 동전의 양면처럼 함께 존재한다. 부부는 서로를 미워하면서도 동시에 사랑한다. 상대방의 단점에 분노하다가 작은 배려 하나에 다시 마음이 풀린다. 이처럼 부부는 사랑과 미움, 이해와 갈등 사이에서 끝없이 흔들리며 살아간다. 중요한 것은 그 흔들림 속에서도 '그래도 함께'라는 선택을 반복하는 것이다. 이것이 부부가 평생을 살아가는 힘 이자 지혜이다.

 예전에는 결혼하면 죽을 때까지 함께하는 것이 당연한 것으로 여겨졌다. 부부라는 인연은 신성했고, 사회적 울타리도 그 관계를 강하게 묶어주었다. 하지만 시대가 변했다. 평균 수명이 길어지면서 부부가 함께 살아야 하는 시간이 훨씬 더 길어졌다. 그만큼 서로의 차이와 갈등을 더 오래 견뎌야 한다는 뜻이기도 하다. 이런 상황 속에서 새롭게 등장한 부부의 형태가 바로 졸혼과 황혼 이혼이다.

 졸혼은 '결혼을 졸업한다'는 뜻에서 나왔다. 법적으로는 여전히 부부로 남아 있지만, 실제 생활에서는 각자의 삶을 따로 사는 방식이다. 함께 살면서도 생활을 분리하거나, 아예 따로 거주하며 각자의 자유를 존중하는 경우도 있다. 졸혼을 선택하는 부부는 보통 이렇게 말한다. "이제는 서로를 구속하지 않고 자유롭게 살고 싶다. 서로 간섭하지 않으면 오히려 사이가 더 편해진다." 오래 살다 보니 한 사람과 평생 모든 것을 공유한다는 것이 오히려 큰 부담으로 다가온다는 것이다. 그래서 각자의 공간과 시간을 갖고 필요할 때는 함께하는 새로운 형태의 부부생활을 택하는 것이다.

 반면 어떤 부부는 더 이상 함께 할 수 없다는 결론에 도달한다. 그 결과가 황혼이혼이다. 자녀들이 모두 성인이 되어 독립하고 난 뒤, 더 이상 부부로 살아야 할 이유를 찾지 못해 갈라서는 경우가 늘고 있다. 통계에 따르면 젊은 층의 이혼율은 조금 줄어드는 반면, 50대 이상 부부의 이혼은 꾸준히 늘고 있다고 한다. 특히 여성들이 "이제는 나를 위해 살고 싶다"며 이혼을 요구하는 경우가 많다. 젊은 시절에는 자녀 때문에, 생계 때문에 참고 살았지만, 노년기에 들어서면서 남은 인생을 억지로 견디며 보내고 싶지 않다는 것이다.

왜 이런 선택을 할까? 졸혼과 황혼 이혼의 배경에는 공통된 이유가 있다.

첫째, 수명의 연장이다. 예전에는 60세 전후에 생을 마무리했지만, 이제는 80, 90세까지 살아야 한다. 남은 이 30년을 억지로 함께 살기보다 자유롭게 살고 싶다는 욕구가 강해진 것이다.

둘째, 개인의 가치 변화다. 예전에는 가족과 부부를 위해 희생하는 것이 미덕이었지만, 이제는 나 답게 사는 것을 더 중요하게 여긴다.

셋째, 경제적 독립이다. 과거에는 여성들이 경제적으로 남편에게 의존했지만, 지금은 스스로 생계를 유지할 수 있는 경우가 많아져서 새로운 선택이 가능 해졌다.

졸혼이나 황혼이혼을 선택하는 사람들은 자유를 얻었다고 말한다. 더 이상 잔소리도, 원하는 대로 시간을 쓰고, 내가 하고 싶은 대로 할 수 있는 삶. 하지만 시간이 지나면서 많은 이들이 또 다른 고독과 후회를 경험한다. 함께 사는 것이 힘들어서 떨어져 나왔지만, 정작 외로움 앞에서는 그 존재가 그리워지는 것이다. 혼자 밥을 먹고, 병원에 가고, 혼자 늙어간다는 것은 생각보다 훨씬 더 버거운 일이다. 결국 부부 란 싸우고 갈등하면서도 함께 늙어가는 것 자체가 큰 의미라는 사실을 뒤늦게 깨닫는 경우가 많다.

부부는 함께 늙어가는 사람

 그렇다면 부부가 장수 시대에 어떻게 살아야 할까? 꼭 졸혼이나 황혼 이혼을 하지 않아도 서로에게 숨 쉴 공간을 주는 지혜가 필요하다. 젊은 시절에는 모든 것을 함께 하려 애썼다면, 나이 들어서는 적당한 거리감이 오히려 관계를 지켜준다. 서로를 구속하지 않고 각자의 삶을 존중하며, 그러나 필요할 때는 기꺼이 손을 잡아주는 것. 이것이야 말로 장수 시대의 새로운 부부 모습일 것이다. 졸혼과 황혼 이혼은 우리 사회가 맞닥뜨린 새로운 현실이다. 이것은 단순히 부부의 문제만이 아니라, 길어진 인생을 어떻게 살아갈 것인가 하는 질문이기도 하다. 어떤 이는 자유를, 어떤 이는 동반자를 선택한다. 중요한 것은 무엇이 옳고 그른 가가 아니라, 나와 배우자가 함께 행복할 수 있는 길을 찾는 것이다. 죽을 때까지 함께 살아가는 것이 축복이 될 수도 있고, 때로는 짐이 될 수도 있다. 그러나 부부는 결국 운명 공동체다. 갈라서든 함께 가든, 서로의 인생에 가장 깊은 흔적을 남기는 존재가 부부이다.

 부부가 함께 나이 들어가며 가장 크게 마주치는 문제는 건강이다. 젊을 때는 서로의 건강을 당연하게 여기지만, 60대, 70대를 넘어가면 크고 작은 병이 찾아온다. 한쪽이 아프면 다른 한쪽이 간병인이 되어야 한다. 이때의 무게는 결코 가볍지 않다. '내가 아프면 당신이 지켜주겠지'라는 기대와 동시에 '내가 당신을 지켜줄 수 있을까'라는 두려움이 교차한다. 병원 진료, 약, 생활의 불편함이 늘어나면서 갈등도 깊어진다. 그러나 동시에 아플 때 곁을 지켜주는 사람이 있다는 것은 가장 큰 위로이기도 하다. 이 역시 오래 함께 살아야만 알게 되는 무게이다.

부부는 오래 함께 살수록 서로에게 익숙해진다. 그 익숙함은 안정과 평안함을 준다. 말하지 않아도 무슨 생각을 하는지 알 수 있고, 함께 있어도 불편하지 않다. 이것은 큰 축복이다. 그러나 동시에 익숙함은 소홀함을 낳는다. 상대방을 더 이상 존중하지 않고 당연하게 여기며, 때로는 무시하게 된다. 익숙함이 축복이 되려면 의도적으로 감사해야 한다. "당신이 있어서 좋아"라는 작은 말, "오늘도 함께 밥 먹어서 행복해"라는 표현이 익숙함을 사랑으로 바꾼다.

오래 산다는 것은 곧 함께 버텨낸 세월을 가진다는 것이다. 힘들었던 날을 함께 지나왔고, 기뻤던 날을 함께 나누었다. 그것은 단순한 시간의 길이가 아니라 두 사람만의 역사이자 자산이다. 많은 부부가 "살다 보니 미운 날도 많았지만, 그래도 같이 살아온 게 제일 큰 축복이었다"고 말한다. 이 말 속에는 오래 함께 살아낸 무게가 담겨 있다. 때로는 지겹고 무겁지만, 그 무게가 곧 서로를 붙잡아주는 힘이 되는 것이다.

나이가 들어서야 알게 되는 것들이 있다. 참음의 지혜, 말의 무게, 사랑의 진실, 외로움의 본질, 완벽하지 않아도 괜찮다는 깨달음, 그리고 사랑은 뜨겁지 않아도 여전히 존재한다는 사실. 부부란 결국 서로를 통해 배우고, 서로에게 길들여지고, 서로로 인해 완성되는 존재이다. 젊은 날에는 몰랐지만 노년에 이르러서야 깊이 알게 되는 이 진리들이야 말로 부부 장수 시대를 살아가는 비결일 것이다.

많은 부부가 젊었을 때 이렇게 생각한다. '결혼하면 저 사람도 바뀌겠지. 내가 고치면 더 나아질 거야.' 그러나 현실은 그렇지 않다. 사람은 쉽게 변하지 않는다. 오히려 나이가 들수록 성격과 습관은 더 굳어진다. 그렇게 오래 사는 부부는 서로를 고치려 하지 않고 있는 그대로 인정하는 법을 배워야 한다. 잔소리로 고치려 들면 갈등만 커진다. 그러나 "저 사람은 원래 저렇지" 하고 받아들이면 마음이 편안해진다. 바꾸려는 힘을 덜어내는 순간 관계는 한결 부드러워진다.

"부부는 닮아간다." 사람들은 오랫동안 함께 살아온 부부를 두고 이렇게 말한다. 실제로 오랜 세월을 함께한 부부는 얼굴 생김새와 말투, 심지어 습관까지 닮아간다. 그만큼 부부는 서로에게 깊이 영향을 주고받으며 살아가는 존재다. 그렇다면 긴 세월 끝에 남는 부부의 진짜 모습은 무엇일까? 바로 함께 늙어가는 사람이다.

죽음을 앞둔 부부들이 남기는 마지막 고백은 의외로 단순하다. "그동안 고마웠어", "고생 많았어", "사랑했어." 이 짧은 말 속에 긴 세월의 의미가 모두 담겨 있다. 결국 부부란 대단한 것이 아니다. 화려한 이벤트도 거창한 업적도 아니다. 하루하루를 같이 살아낸 것, 그것만으로도 충분하다. 부부란 결국 함께 늙어가는 사람이다. 오늘도 서로의 얼굴을 마주하며 어제보다 조금 더 이해하고, 내일보다 조금 더 감사하며 살아간다면, 부부 장수 시대는 고통이 아니라 은혜와 축복의 시간이 될 것이다.

 나는 걷기를 통해 삶의 많은 진리를 배웠다. 오래 걷다 보면 발이 아프고 숨이 차고 때로는 포기하고 싶어 진다. 하지만 끝내 한 걸음 한 걸음을 이어가면 새로운 길이 열리고 풍경이 달라지고 결국 목적지에 도착하게 된다. 부부의 삶도 걷기와 같다. 함께 출발했을 때는 설레고 즐겁지만, 시간이 흐르면서 갈등과 어려움이 찾아온다. 어떤 날은 서로에게 짐이 되기도 하고, 어떤 날은 서로의 발걸음을 이끌어 주는 힘이 되기도 한다. 그러나 중요한 것은 끝내 함께 걷는 것이다.

 완벽한 부부는 없다. 그러나 끝까지 함께 살아내는 부부는 많다. 나이 들어 서로를 탓하기보다 "당신이 있어 다행이다"라는 고백으로 하루를 마무리할 수 있다면 그것으로 충분하다. 우리 모두가 소소한 행복을 나누는 친구 같은 부부가 되기를 바란다.

맛있는 인생 액티브 시니어

액티브 시니어는 단순히 건강한 노인을 의미하지 않는다. 그들은 자신의 삶을 능동적으로 주도하며 살아가는 노년 세대를 뜻한다. 여전히 배우고, 운동하고, 여행하며, 때로는 일하고 사회에 기여하기도 한다. 이들은 과거의 노인상과 달리 소극적인 소비자가 아니라 능동적인 삶의 실천자다. 우리나라에서도 이런 액티브 시니어들이 눈에 띄게 많아지고 있다. 예전에는 60세만 넘어도 노인으로 불렸지만, 이제는 70세, 심지어 80세에도 활발히 활동하는 분들이 늘고 있다. 100세 시대의 60세는 단지 중간 지점일 뿐이다. 은퇴 후에도 30년 가까운 시간이 남아 있다는 것은 그 시간들을 어떻게 보내느냐가 인생 전체의 질을 결정한다는 뜻이기도 하다.

건강을 챙기고, 삶의 의미를 찾고, 사회적 관계를 유지하며 살아가는 액티브 시니어는 미래 고령 사회의 희망이다. 이들은 병원과 요양원으로 대표되는 의존적 노년의 대안을 보여주는 사람들이다. 어떤 분은 70세가 넘은 나이에 공부를 시작해 지역사회에서 아이들에게 글을 가르치는 '늙은 선생님'으로 살아간다. 늦은 나이에 요가를 배우고, 컴퓨터도 배우고, 사회 봉사 활동도 활발하게 한다. 이들은 모두 액티브 시니어다. 나이는 단지 숫자일 뿐, 삶을 어떻게 살아내느냐가 진짜 중요한 것이다. 액티브 시니어는 육체적 건강만이 아니라 정신적, 사회적 건강까지 포함하는 개념이다. 늙는다는 것은 약해진다는 뜻이 아니라, 삶의 깊이가 더해진다는 뜻일 수 있다. 단, 그것은 준비된 사람에게만 해당된다. 액티브 시니어로 살아간다는 것은 다시 말해, 나이 듦을 두려워하지 않고 오히려 기대할 수 있게 되는 삶을 의미한다.

액티브 시니어의 첫걸음, 활동

 액티브 시니어로 살아가기 위한 가장 중요한 출발점은 무엇일까? 그것은 바로 몸을 움직이는 것, 즉 활동이다. 나이가 들수록 움직이기 귀찮고 쉬고 싶어 지는 것은 자연스러운 일이다. 그러나 바로 그때 한 걸음이라도 내딛는 사람이 건강하게 나이 드는 것이다. 우리 몸은 사용하지 않으면 급격히 약해진다. 특히 노화는 근육의 감소, 뼈의 약화, 심혈관 기능 저하 등으로 나타나는데, 이는 대부분 움직이지 않으면서 비롯된 결과다. 걷기, 스트레칭, 간단한 체조라도 매일 실천하는 사람은 그렇지 않은 사람보다 훨씬 더 건강하고 활기차게 노년을 살아간다.

"늙어서 무릎이 아파 걷지 못한다"는 말은 반은 맞고 반은 틀린 말이다. 무릎이 아파서 걷지 못하는 것이 아니라, 걷지 않아서 무릎이 약해지는 것이기 때문이다. 무릎과 관절 근육은 일정한 자극을 받고 혈액순환이 이루어져야 기능을 유지할 수 있다. 움직이지 않으면 관절이 굽고 근육은 줄어들며 혈액순환은 둔화된다. 결국 병원 신세를 지게 되는 것이다.

이처럼 몸을 움직이는 것은 단지 건강을 위한 일이 아니다. 삶의 태도를 바꾸는 일이다. 몸을 움직이면 생각도 바뀌고 기분도 좋아진다. 우울감은 줄어들고 에너지는 회복된다. 실제로 걷기와 같은 유산소 운동은 뇌에서 행복 호르몬인 세로토닌과 도파민을 증가시켜 정서적 안정을 도와준다. 심리학자들은 걷기와 같은 규칙적인 운동이 치매 예방에도 큰 효과가 있다고 말한다.

젊을 때는 생존을 위해 살았다면, 이제는 가치를 위해 살아야 할 때이다. '무엇을 위해 사는가?', '어떻게 살 것인가?' 이 질문을 매일 품고 살아가는 사람은 결코 늙지 않는다. 나이 들수록 해야 할 일이 많아진다는 사실은 어쩌면 축복이다. 아직도 살아 있다는 증거이며, 아직도 할 일이 남아 있다는 것은 우리 인생이 끝나지 않았다는 뜻이기 때문이다. 액티브 시니어는 건강도 챙기지만, 관계도 챙기는 사람이다. 왜냐하면 관계는 노년의 보물이기 때문이다.

액티브 시니어는 배우기를 두려워하지 않고, 삶을 쓰는 데 인색하지 않으며, 나눔에 인색하지 않은 사람이다.

늙지 않는 사람들의 비밀

가끔 이런 분들을 만난다. 80세인데도 60대로 보이고, 은퇴했는데도 여전히 강의도 다니고 운동도 하고 항상 웃으며 살아가는 사람들. 이런 분들을 보면 문득 궁금해진다. '어떻게 저렇게 늙지 않을 수 있을까?' 물론 주름은 있고 흰머리도 있지만, 그들의 눈빛은 젊고 말투는 따뜻하고 삶은 활기차 보인다. 이들의 공통점은 외모가 아니라 태도와 습관에 있다. 바로 여기에 늙지 않는 사람들의 비밀이 숨어 있다.

늙지 않는 사람들의 가장 큰 특징은 마음이 늙지 않았다는 것이다. 이들은 '나이 들어서 안 된다'는 말을 잘 하지 않는다. 대신 "해보자", "재미있겠다", "처음이지만 도전해 보자"하고 말한다. 젊음은 몸이 아니라 생각에서 시작된다. 변화를 두려워하지 않고, 새로운 것을 배울 준비가 되어 있고, 어떤 상황에서도 긍정적인 시선을 유지하려는 태도가 이들을 젊게 만든다. 심리학적으로도 긍정적인 사고는 면역력, 뇌 기능, 심혈관 건강에도 영향을 준다고 한다. 생각이 긍정적인 사람이 실제로 몸도 늙는 속도가 늦어진다는 것이다.

늙지 않는 사람들은 말이 곱다. 투덜대거나 비난하거나 남 험담을 하지 않는다. 대신 "고마워", "괜찮아", "힘내"라는 말을 자주 한다. 말투가 좋다는 건 마음이 너그럽고 여유가 있다는 뜻이다. 그들은 세월을 거슬러 사는 것이 아니라 세월을 품고 살아간다. 그리고 그 품에서 사람들은 안정을 느낀다. 말은 곧 인격이며, 한 사람의 삶의 무게다. 나이 들수록 말수가 줄어드는 게 아니라 말의 깊이가 깊어져야 한다.

늙지 않는 사람들은 절대 가만히 있지 않는다. 매일 산책을 하거나 걷기 모임에 참여하거나 가벼운 스트레칭이라도 꾸준히 한다. 몸을 움직이는 것이 귀찮은 일이 아니라 살아 있다는 증거라는 걸 알기 때문이다.

늙지 않은 사람들은 하루하루가 심심하지 않다. 그들은 자신이 좋아하는 무언가를 가지고 있다. 그림, 글쓰기, 뜨개질, 여행, 독서, 사진, 봉사. 어떤 것이든 몰입할 수 있는 시간이 있다는 것이 그들을 젊게 한다. 취미는 단순한 소일거리가 아니라 삶을 즐기는 태도다. 나이 들수록 할 일이 없다고 느끼면 마음이 무기력해지고 몸도 굳는다. 하지만 뭔가에 몰입하고 기대하는 삶을 사는 사람은 매일이 새롭고 젊다.

액티브 시니어는 사람 관계를 놓지 않는다. 관계는 몸보다 마음을 젊게 유지해준다. 그 연결의 힘이 늙지 않는 사람들의 가장 큰 자산이다.

'당신도 할 수 있다. 지금 이 순간부터 '나는 아직 살아 있고 더 살 수 있다'는 마음으로 하루하루를 다시 시작해보라. "늙음이 아닌 익어가는 삶", "쇠퇴가 아닌 성숙의 삶". 그 길을 걸어가는 당신은 누가 봐도 아름다운 액티브 시니어다

"당신 자신을 사랑하십시오." 누가 알아주지 않아도 당신이 살아낸 세월은 충분히 귀하고 소중하다. 그 삶을 스스로 존중하는 당신의 모습은 자녀에게, 이웃에게, 후배 세대에게 말로 할 수 없는 가르침이 될 것이다. 이제 나이 든 당신의 하루하루가 지나가는 시간이 아니라 완성되어가는 인생의 마무리 여행이 되기를 소망한다. 늙음은 끝이 아니다. 삶의 깊이가 빛나는 순간이며, 그 자체로도 충분히 존귀하고 아름답다. 당신이 걸어가는 그 길 자체가 이미 삶의 예술이다.

늙는 게 두려웠던 나, 그러나 이제는 말한다. "나이 든 내가 더 멋지다."

나이 들었다고 주저하지 말자. 당신은 여전히 누군가에게 소중하고, 당신의 경험은 누군가에게 힘이 된다.

Chapter 4.
길 위의 사람들

1. 1,000원 순례길
2. 주먹 하나의 비밀 보폭 10cm
3. 옆집 아줌마가 신은 운동화
4. 100원 동전 바보
5. 아들과 함께한 산티아고 순례길 800km

1,000원 순례길

도시에는 많은 사람이 살고 있고, 그중 외로운 이들이 더 많다. 특히 나이가 들수록 밖으로 나가는 일이 줄어들고, 말할 사람도 만날 사람도 없어진다. 나는 오랫동안 걷기 운동을 통해 사람들과 만나고 삶을 나누고 건강에 대한 강의를 하고 있다.

그러던 어느 날, 한 편의 TV 뉴스 영상이 내 마음을 움직였다. 10년 전 KBS 뉴스에서 '500원 순례길'이라는 제목으로 500원을 받기 위해 두 시간을 달려온 노인들의 이야기가 나왔다. 서울 어딘가 어떤 교회들이 주최한 걷기 행사였는데, 놀랍게도 수백 명의 노인들이 그 500원을 받기 위해 지하철을 두 시간이나 타고 오고, 새벽부터 두 시간씩 줄을 서서 500원을 받는 것이다. 그리고 그들은 또 다른 코스를 가기 위해 지하철을 타고 걸어서 몇 정거장을 이동해 또 500원을 받아 하루 동안 몇 천 원을 모으기 위해 걷는 노인들이 있었다. 아마도 그냥 돕는 것보다 조금이라도 걷게 하고 함께할 수 있게 하는 누군가의 깊은 지혜에서 나온 전략이었던 것 같다.

 누군가는 이렇게 말할지도 모른다. "500원 때문에 그 고생을 해?" 물론 어떤 사람에게는 돈이 목적일 수도 있다. 하지만 나는 그 장면을 보며 이렇게 느꼈다. 500원을 받는 것보다 사실은 사람을 만나고, 같이 걷고, 함께 웃고 싶어서 나왔다고 생각했다. 이분들은 돈보다 누군가에게 인정받고 싶고, '나도 아직 살아 있다'는 것을 스스로 느끼고 싶었을 것이라고 생각했다. 500원이라는 작은 금액이 희망의 출발점이 된 것이다.

 그 장면이 내 마음에 깊이 남아있었다. 그러고 몇 년이 지나 나는 그 정신을 이어받아 '국민 만보 걷기 운동본부'라는 단체를 만들고 '1000원 순례길'이라는 걷기 운동을 기획하게 된 것이다.

1000원 순례길, 사람을 살리고 도시를 살리다.

 우리가 만든 이 운동의 핵심은 간단하다. 천 원 순례길은 사람을 살리고, 도시를 살리고, 세상을 바꾸는 운동이다. 함께 걷는 길 위에서 사람들의 몸과 마음, 그리고 관계가 회복되는 운동이다. 내가 사는 건강한 도시에 걷기 문화가 만들어지는 것이다.

천 원 순례길은 세 곳을 걷기 코스로 지정하고, 코스 한 곳을 걸을 때마다 천 원을 지급한다. 세 코스를 완주하면 3천 원을 받게 되고, 선착순 100명에게만 지급한다.

천 원 한 장, 작은 돈이라고 생각할 수 있다. 하지만 그 천 원은 어떤 사람들에게는 단지 금전이 아니라 함께하고자 하는 참여의 의미이며, 건강을 위한 동기 부여다. 우리는 이 걷기를 단순한 운동으로 부르지 않는다. 순례길이라 부른다. 순례는 목적 없는 산책이 아니다. 그 길 위에는 삶의 의미가 있고, 땀의 가치가 있고, 귀한 만남이 있기 때문이다.

혼자가 아니라 함께 옆에서 같이 걷는 이의 따뜻함, 오늘도 걸을 수 있는 감사함, 한 코스, 한 코스를 걸어서 받게 되는 천 원이라는 행복과 나눔. 이 모든 것이 모여 우리는 이 길을 순례길이라 부르게 되었다.

매주 화요일은 '걷기의 날'이다. 화요일이 되면 파주시 곳곳에는 운동화를 신은 시니어들이 하나, 둘 모인다.

어깨에는 가벼운 가방, 손에는 물병 하나. 서로의 안부를 묻고 걷기 시작한다. 그리고 코스를 완주하면 현장에서 3천 원을 받는다. "다음 주에도 꼭 올게요!" 그 웃음소리, 그 밝은 눈빛, 그 모습이 바로 우리가 걷기 운동을 하는 이유다. 건강해지고, 외로움이 줄어들고, 공동체가 살아나는 것이 1000원 순례길이 존재하는 이유이다. 우리는 이 운동을 통해 단순히 돈을 나눠주는 것이 아니다. 사람과 사람 사이의 존중과 관심을 1000원의 나눔으로 만들어 가는 것이다.

1000원. 지금 이 시대에 너무도 작은 돈이다. 커피 한 잔을 마시려면 3~4천 원, 편의점에서 빵 하나를 사도 2천 원은 훌쩍 넘는 세상이다. 하지만 그 작은 1000원이 누군가에게는 하루를 버틸 이유가 되기도 한다. 누군가에게는 사람들과 어울릴 용기가 되기도 하고, 누군가에게는 세상에 아직 내가 필요하다는 신호가 되기도 한다. 그 작은 지폐 한 장에 담긴 1000원의 의미는 단순한 화폐의 가치를 뛰어넘는다. 그건 노인의 건강한 자존감, 걸을 수 있음에 대한 감사, 그리고 세상과 다시 연결된 행복이다.

어떤 날은 비가 온다. 하지만 우산을 쓰고서 라도 걷는 사람들이 있다. 왜일까? 1000원 때문일까? 아니다. 그날 누군가와 걷고 싶어 서다. 집에만 있으면 우울 해질까 봐, 사람을 만나고 싶어 서다. 1000원은 걸음에 동기 부여가 되어주고, 만남의 빌미가 되어주고, 일상의 리듬을 만들어주는 힘이 된다.

1000원을 받지 않는다고 해도 이 운동에 계속 참여하겠다는 분들이 점점 늘고 있다. 왜냐하면 이 운동의 진짜 가치는 함께 걷는 사람이 생긴다는 것이기 때문이다. "집에만 있으면 누구 랑 말도 못해요", "화요일이 기다려져요", "사람을 만날 수 있잖아요", "같이 걷는 친구들이 있어서 건강도 마음도 좋아졌어요." 이 말들이 바로 천 원의 진짜 의미를 말해준다. 1000원이란 이 운동의 이름일 뿐, 진짜 보상은 사람이다.

걷기는 진짜 복지다

복지란 무엇인가? 복지는 단순히 돈을 지원받는 것도, 밥을 얻어먹는 것도 아니다. 복지는 사람이 사람답게 살아갈 수 있도록 도와주는 모든 것이다. 그런 의미에서 걷기 야말로 진짜 복지다. 돈이 없어도 할 수 있고, 기술이 없어도 누구나 시도할 수 있으며, 걸음 하나에 몸도, 마음도, 관계도 회복되기 때문이다.

의사는 약을 준다. 하지만 걷는 길은 친구를 준다. 몸을 움직이면 혈액순환이 되고, 사람을 만나면 외로움이 풀린다. 걷는다는 것은 단순한 운동을 넘어 치유의 시간이 되는 것이다.

걷기는 몸을 움직이는 것이지만, 마음이 먼저 움직이지 않으면 나서기조차 힘든 게 현실이다. 특히 나이가 들면 두려움이 앞선다. '괜히 나갔다가 넘어지면 어떡하지?', '나처럼 늙은 사람이 무슨 걷기야', '모르는 사람들 이랑 어울리는 것이 나는 좀 어려운데…' 하지만 1000원 순례길은 그런 걱정을 줄여준다. 함께 걷는 사람이 있고, 격

려하는 사람이 있고, "괜찮아요. 천천히 걸으세요"하고 말해주는 따뜻한 분위기가 있다. 그래서 걸음과 함께 마음도 열리고 점점 자신감을 되찾게 된다.

 순례는 원래 성스러운 여정이다. 종교적인 의미를 넘어 순례는 나 자신을 돌아보고 이웃과 함께 걷고 의미를 발견하는 길이다. 1000원 순례길은 그 순례의 의미를 도시의 일상 속에 녹여낸 문화 운동이다. 큰 길이 아닌 우리가 사는 길에서, 유명한 장소가 아닌 늘 걷던 평범한 공원에서, 먼 나라가 아닌 지금 사는 이 도시에서 그 길을 걸으며 우리는 말한다. "이 길이 나의 인생 길이다. 오늘도 살아 있음에 감사하다. 함께 걸어줘서 고맙다." 이 모든 말이 모이면 그 자체로 순례이고 문화이다.

 문화는 거창한 캠페인에서 시작되지 않는다. 작은 습관이 모이고 그것이 반복될 때 문화가 된다. '매주 걷는다', '함께 걷는다', '걷고 나면 나눔이 있다', '걸으면서 건강 해진다', '다시 다음 주를 기다린다.' 이 단순한 흐름이 반복될 때, 걷기는 파주의 시니어들에게 삶의 양식이 되고, 이 도시에는 '함께 걷는 시니어 도시'라는 인식이 생긴다. 사람들이 이곳을 바라보며 말한다. "파주는 걷는 문화가 살아 있다. 시니어들이 활기차고 서로 돕는 분위기가 있다. 이 운동이 전국적으로 퍼졌으면 좋겠다." 그렇게 걷기는 개인의 건강을 넘어서 도시의 인격을 만들고, 시니어의 일상을 넘어서 도시의 문화를 형성한다.

 걷기 운동을 시작하며 또 한 가지 놀라운 변화는 사람들이 다시 연결되기 시작했다는 것이다. 혼자 걷던 사람이 친구를 사귀고, 이름도 몰랐던 이웃과 인사를 나누고, 길에서 마주쳐도 반갑게 손을 흔드는 사이가 되었다. 사람과 사람이 연결되는 것, 그게 바로 진짜 복지다. 외로운 도시에서 누군가와 걸을 수 있다는 것, 그 자체가 노년기의 최고의 선물이 아닐까? 파주의 1000원 순례길은 이제 단순한 걷기 모임이 아니다. 마음을 살리는 복지이고, 몸을 회복하는 운동이고, 도시를 따뜻하게 만드는 문화 운동이다. 이 운동이 더 많은 지역으로 퍼지고 더 많은 시니어들이 이 길 위에서 회복되기를 꿈꾼다. 걷는 발걸음 하나하나가 이 사회의 진짜 복지가 되기를, 사람을 사람답게 해주는 사랑의 복지가 되기를 소망한다.

당신의 한 걸음이 순례의 시작

1000원 순례길은 두 개의 발로만 걷는 길이 아니다. 누군가는 걸음으로, 누군가는 마음으로, 누군가는 재정으로, 누군가는 봉사로 함께한다. 이 운동은 돈만으로 운영되는 일이 아니다. 누군가가 현장에서 어르신의 손을 잡아주고, 누군가는 그 모습을 사진으로 담고, 누군가는 따뜻한 차 한 잔을 준비한다. 이 모든 일이 나눔이라는 이름의 순례로 모인다.

1000원은 적은 금액이다. 하지만 지금은 매주 100명, 앞으로는 200~300명을 참여하게 하려고 하고 있고, 도시 안의 읍, 면, 동별로 점차 확산하려는 목표도 있다. 지금은 단체 내부의 비용으로 운영하고 있지만, 이 운동이 지속 가능 하려면 더 많은 분들의 참여와 후원이 필요하다. 교회는 도시의 영적 순례를 세워가는 역할을, 기업은 지역 사회에 생명을 더하는 동반자 역할을, 봉사자는 어르신들의 발걸음에 따뜻한 동행자 역할을 감당할 수 있다.

걷는 사람은 길을 만들고, 그 길 위에서 사람은 다시 살아난다. 이제 이 길이 더 많은 시니어들의 생명을 깨우고, 더 많은 도시의 문화를 밝히고, 더 많은 사람들의 사랑을 모아낼 수 있도록 당신의 한 걸음, 한 마음, 한 손길이 필요하다. 당신도 이 순례길의 동반자이며 주인공이다.

*기부처: 국민 만보걷기 운동본부
 계좌:우리)1005-804-158228

주먹 하나의 비밀 보폭 10cm

한 사람의 건강 상태를 한눈에 알아보는 방법이 있다. 바로 그 사람이 어떻게 걷는지, 그리고 보폭이 얼마나 되는지를 보는 것이다. 젊었을 때는 생각도 안 했던 보폭이 나이가 들면 서서히 줄어든다. 발을 크게 내딛던 걸음이 조심스러운 작은 걸음이 되고, 어느새 걷는 속도도 느려지고 걸음걸이 자체가 위축된다.

걸음걸이는 단순한 이동 수단이 아니다. 의학 연구에 따르면 보폭과 보행 속도는 건강과 수명, 그리고 삶의 질을 예측하는 중요한 지표다. 보폭이 넓고 걸음이 빠른 사람일수록 노년기 건강이 좋고 각종 질병 위험이 낮다는 연구 결과가 있다.

나이가 들면 많은 사람들이 "예전에는 잘 걸었는데 요즘은 발걸음이 점점 작아진다"고 말한다. 실제로 보폭은 50대 이후부터 조금씩 줄어들고 70대 이후에는 눈에 띄게 좁아지는 경향이 있다. 왜 그럴까? 보폭이 줄어드는 가장 큰 이유는 하체 근육의 약화다. 특히 다리를 앞으로 들어 올리는 데 중요한 장요근이 노화로 인해 힘을 잃으면 발을 높이 들어 올리기 어려워지고 자연스럽게 보폭이 줄어든다.

걷기의 첫 동작은 발을 들어 올리는 것이다. 장요근이 다리를 들어 올린 후 땅을 힘있게 밀어내는 동작은 둔근이 담당한다. 둔근은 보폭을 길게 하고 걸음에 추진력을 준다. 장요근은 허리 속 깊은 곳, 골반과 허벅지 안쪽에 위치한 근육으로 허리를 굽히고 다리를 들어 올리며 걸음걸이의 리듬을 만드는 핵심 역할을 한다. 장요근이 약해지면 발이 잘 안 들리고 발끝이 바닥에 걸려 넘어질 위험이 커지며 걷는 속도와 보폭이 모두 줄어든다. 그때부터 '노인 걸음'을 걷게 된다.

보폭을 넓히려면 다리를 앞으로 멀리 내딛어야 하는데, 이때 발을 바닥에서 끄는 것이 아니라 들어서 나가야 보폭이 커진다. 바로 이 드는 동작을 담당하는 근육이 장요근이다. 하체의 큰 근육들을 움직이는 지휘관 같은 존재다. 장요근은 매일 조금이라도 써주지 않으면 빠르게 약해지는 근육이다. 장요근은 짧은 보폭에서는 거의 쓰이지 않지만, 10cm만 더 넓히면 장요근이 지속적으로 자극을 받아 강화된다. 즉, 장요근은 보폭의 출발점이자 걷기의 시동 엔진이다.

보폭 10cm의 놀라운 기적

하루 만 보를 걷는 것도 중요하지만, 어떻게 걷는 가는 더 중요하다.

많은 사람들은 그저 많이 걷기에 집중한다. 하지만 보폭을 10cm만 넓히는 것. 그 작은 변화가 우리 몸과 마음에 얼마나 큰 영향을 미치는지 알게 된다.

보폭을 넓히면 하체 근육의 사용량이 늘어나고 산소 소비가 증가한다.

보폭을 넓히고 조금 더 빠르게 걷는 것은 심장과 폐를 더 강하게 작동하게 해 심폐 기능을 강화한다.

뇌 혈류량이 증가해 혈액 속 산소와 영양소가 뇌에 더 많이 공급되면 치매 발병 위험이 낮아지고 기억력과 집중력이 개선된다. 실제로 보폭이 좁아지고 보행 속도가 느려지는 것은 치매 초기 증상 중 하나로 주목받고 있다.

하버드대와 일본 게이오대 연구에 따르면, 노인의 보폭과 보행 속도는 향후 10년 생존율과 밀접한 관련이 있다고 했다. 하루 30분, 보폭 10cm 넓혀 걷기만 해도 혈압 조절, 당뇨 개선, 체지방 감소 등의 변화를 만들어 장기적으로 수명을 연장할 수 있다고 했다.

보폭을 넓히라는 말은 단순한 생활 팁이 아니라 의학, 운동 과학, 노인 재활학에서 뒷받침하는 확실한 근거를 가진 조언이다. 그 중에서도 10cm라는 구체적인 수치는 실험과 임상 연구에서 효과가 입증되었다. 여러 연구에 따르면, 보폭은 하체 근육의 힘, 균형 감각, 심폐 능력과 밀접한 관련이 있다. KBS <생로병사의 비밀>에서 소개된 실험에서는 평소 보폭보다 10cm 넓혀 걷도록 한 그룹이 3개월 후 보행 속도 향상, 하체 근육량 증가, 균형 유지 능력 개선, 낙상 위험도 감소 등의 효과를 보였다. 10cm는 무리하지 않으면서도 근육과 심폐 기능에 충분한 자극을 주는 최적 범위로 나타났다.

보폭은 단순한 걸음의 길이가 아니라 근육, 심폐, 뇌, 정신, 수명을 반영하는 건강의 거울이다. 보폭이 좁아지고 있다면 그것은 몸이 보내는 '운동이 필요하다'는 경고 신호이다.

보폭을 넓히는 방법과 그 의미

걷기는 누구나 할 수 있는 일상적인 활동이다. 그러나 대부분의 사람들은 '어떻게 걷는가'에 대해서는 깊이 생각해 보지 않는다. 특히 나이가 들수록 걸음걸이는 점점 소극적이고 위축되며, 보폭은 점점 좁아진다. 보폭이 좁아지면 우리 몸의 중심이 불안정해지고 근육 사용량이 줄어든다. 특히 엉덩이, 허벅지, 종아리 근육이 약화된다. 이로 인해 근감소증 위험이 커지고 낙상 위험까지 높아진다. 그런데 보폭을 단 10cm만 넓히는 것만으로도 상체를 곱게 세우게 되고 엉덩이, 다리의 주요 근육이 더 많이 사용된다. 발을 앞으로 더 내딛기 위해서 복부와 척추 기립근도 자연스럽게 활성화된다. 걷는 속도도 조금씩 빨라지면서 심폐 기능이 향상되고 열량 소모도 늘어난다. 실제로 연구에 따르면 보폭이 넓은 사람은 심혈관 질환, 당뇨병, 치매 발병 위험이 더 낮다는 결과가 발표된 바 있다. 보폭은 자세의 바로미터이기도 하다.

보폭을 넓히려면 등과 허리를 펴고 시선을 앞에 두고 당당하게 걸어야 한다. 보폭 10cm의 차이는 단순히 다리의 움직임만이 아니라 우리의 자세, 호흡, 근육 사용 패턴까지 바꾼다.

보폭 "10cm". 그저 숫자에 불과한 것처럼 보이지만, 이 10cm는 건강과 삶의 질을 바꾸는 경계선이다. 나이가 들면 많은 것이 예전 같지 않다. 힘도, 속도도, 자신감도 서서히 줄어든다. 그 변화 앞에서 대부분은 나이 탓이라며 받아들이지만, 걸음만큼은 우리가 선택할 수 있다.

어떤 이는 발을 끌며 작은 보폭으로 살아가고, 또 어떤 이는 발을 높이 들어 더 멀리, 더 당당하게 나아간다. 이 책에서 이야기한 장요근의 역할과 보폭 넓히기의 힘은 단순한 건강 상식이 아니다. 그것은 앞으로 남은 세월을 넘어짐 없이 자신 있게, 그리고 즐겁게 살아가기 위한 실천 전략이다. 허리를 펴고, 시선을 멀리 두고, 발을 들어 10cm 더 내딛는 것. 그 사소한 변화가 근육을 살리고, 균형을 되찾고, 마음에 자신감을 심어준다.

오늘부터 라도 해보길 바란다. 집 안 복도 에서라도, 마트 가는 길에서 라도, 공원 벤치 앞 에서라도, 자신의 주먹 하나만큼의 10cm만 더 넓게 걸어보자. 그 걸음이 쌓이면 어느새 여러분의 몸은 더 건강해지고, 더 강해지고, 마음은 더 활기차고, 삶은 더 빛나게 될 것이다. 걷는 걸음이 곧 인생의 걸음이다. 당신의 발걸음이 앞으로도 오래, 멀리, 건강하게 이어지기를 응원한다. "주먹 하나의 비밀." 오늘,

그리고 내일도 한 걸음 더 크게, 당당하게 걸어가길 바란다.

옆집 아줌마가 신은 운동화

옆집 아주머니가 어느 날 새 운동화를 신고 자랑을 늘어놓는다. "이거 비싼 거래~ 우리 아들이 사줬는데, 이 운동화 신고부터 발이 하나도 안 아파~" 함께 걷던 아주머니들의 표정이 유쾌하지 않은 것 같다. 나도 그 말을 듣고 웃고 있었지만 마음 한 켠으로는 부러웠다. 언제부터인지 나도 운동화에 욕심이 생기기 시작했다. 매일 걷는 사람으로서 운동화가 얼마나 중요한지를 누구보다 잘 알기 때문이다. 그리고 걷기를 강의하는 사람으로서 어떤 운동화가 좋은지에 대한 질문을 많이 받곤 한다.

어쩌면 운동화는 나이 들어갈수록 가장 중요한 생활필수품이라고 생각한다. 걷기는 참 좋은 운동이다. 누구나 할 수 있고, 어디서든 할 수 있다. 하지만 발이 아프면 이야기가 달라진다. 발이 불편하면 아무리 좋은 길도 고통의 길이 된다. 걷는 시간이 늘어나고 걷는 거리가 길어질수록 운동화가 얼마나 중요한지 절실하게 느끼게 된다.

나이 들수록 발의 지방 패드는 얇아지고 아치가 무너지며 발바닥의 쿠션 능력이 떨어진다. 이럴수록 우리에게 필요한 것은 예쁜 운동화가 아니라 편한 운동화다. 단단한 뒤꿈치, 넓은 발 볼, 한 사이즈 여유 있는 크기, 부드러운 쿠션감. 이 네 가지가 갖춰진 운동화는 마치 발을 안아주는 듯한 편안함을 준다.

사이즈는 반 사이즈에서 한 사이즈 정도 크게: 시간이 지날수록 발이 넓어지기 때문이다.

발 볼은 넓게: 발가락이 오그라들면 발톱에 피멍이 들거나 무지외반증이 생기기 쉽다.

뒤축은 단단하게: 발목을 잘 잡아줘야 오래 걸어도 중심이 흔들리지 않는다.

바닥은 탄력이 있으면서도 너무 무르지 않게: 쿠션은 좋지만 너무 물렁하면 오히려 피로감이 더 커진다.

이렇게 내 발에 맞는 걷기 전용 운동화를 신었을 때의 감동은 말로 다 표현할 수 없다. 발이 편하면 몸도 가볍고, 몸이 가벼우면 기분도 좋아진다.

노화는 발부터 시작된다

노화는 발부터 시작된다. 눈에 보이지 않아 관심을 덜 가질 뿐이지 우리 몸에서 가장 먼저 노화가 시작되는 것은 바로 발이다. 젊었을 땐 뛰고 걸어도 아무렇지 않던 발이 어느 순간부터 금방 피로해지고, 아프고, 저리다. 발바닥에 있는 쿠션이 줄어들고, 아치는 무너지며, 발가락은 변형되고, 뒤꿈치는 통증을 일으킨다. 하지만 우리는 이 신호를 무시한다. '잠깐 걷다 보면 괜찮겠지', '며칠 지나면 괜찮아지겠지', 하지만 절대 괜찮아지지 않는다.

발은 온몸의 체중을 받쳐주는 토대이며 걷기의 시작이다. 발이 불편하면 걷는 자세가 무너지고, 무너진 자세는 무릎과 골반, 허리, 어깨까지 영향을 미친다. 나는 여러 시니어 분들에게 강의하면서 자주 듣는 이야기가 있다. "선생님, 걷고 싶은데 발이 아파서 못 걸어요", "신발을 바꿨는데도 계속 저리고 시큰해요", "예전엔 안 그랬는데 요즘은 조금만 걸어도 발목이 붓네요." 그럴 때 나는 묻는다. "혹시 지금 어떤 신발을 신고 계세요? 발 사이즈는 정확히 알고 계신가요? 발 볼은 넓은 편이세요? 좁은 편이세요?" 대부분 대답을 못 하신다. 평생을 살아오면서 정작 자신의 발에 대해 생각해본 적이 없다는 것이다.

이제는 달라져야 한다. 건강을 챙기고 싶다면, 걷기를 오래 하고 싶다면 가장 먼저 확인해야 할 것은 혈압이 아니라 발이다. 걷기 전에 체중을 재는 것보다 자신의 발길이와 발 볼을 재는 것이 먼저다. 건강검진에서 뼈 밀도나 콜레스테롤 수치만 보는 게 아니라, 정기적으로 발을 살펴보는 습관이 필요하다. 굳은살이 심해졌는지, 발톱이 살을 파고드는지, 신발과 발 사이에 마찰이 생기지 않는지 살펴야 한다. 나이가 들수록 발은 점점 예민해진다. 발톱이 두꺼워지고 피부는 건조해지며 작은 자극에도 통증을 느낀다. 젊었을 때 며칠이면 회복되던 발의 상처가 이제는 몇 주가 지나도 낫지 않고 염증으로 번지기도 한다.

발을 돌보는 것은 곧 나를 돌보는 것이다. 나는 강의 때마다 발의 중요성을 강조한다. "이제는 머리부터 챙기지 말고 발부터 챙기세요. 운동화는 옷보다 먼저 사야 할 필수품입니다. 발이 편해야 하루가 편하고, 하루가 편해야 인생이 덜 피곤합니다." 걷기 전에 발을 만져보고, 하루가 끝난 뒤 발을 씻어주고, 좋은 운동화로 발을 감싸주면 발은 우리에게 감사를 표현하듯 더 오래, 더 멀리 걸을 수 있는 힘을 준다.

나는 오늘도 걷기 전에 내 발을 바라본다. '이 발이 나를 얼마나 멀리 데려다줄 수 있을까? 이 발이 나를 얼마나 건강하게 만들어줄 수 있을까?' 그리고 매일 다짐한다. '내 나이가 몇이든 내 발을 소중히 여기자. 내 삶을 걷게 하는 건 바로 이 두 발이니까.'

걷기 전용 운동화의 중요성

모든 운동화가 같지 않다. 걷기에는 걷기만을 위한 운동화가 필요하다. 운동화를 사러 매장에 가면 수십 종의 신발이 진열돼 있다. 보기에는 다 비슷해 보인다. 심지어 가격도 비슷하고 브랜드도 같고 디자인도 예쁘다. 하지만 목적에 따라 운동화는 완전히 다르다. 우리는 잘 모르고 산다. '운동화니까 걷기에도 괜찮겠지?', '달리기 신발이니까 더 고급이겠지?' 하지만 걷기와 달리기는 전혀 다른 움직임이다. 걷기용 운동화와 런닝화, 일상용 스니커즈는 구조도 다르고 기능도 다르다.

 걷기는 발뒤꿈치에서 시작된다. 뒤꿈치로 착지하고 발바닥 전체로 무게를 분산하며 엄지발가락으로 밀어내며 전진하는 구조다. 따라서 뒤꿈치, 발바닥, 발가락이 자연스럽게 이어지는 설계가 걷기 운동화의 핵심이다. 또한 걷기는 보폭이 일정하고 움직임이 반복적이다. 이 반복 속에서 안정성이 매우 중요하다. 균형을 잡아주는 뒤축, 충격을 흡수하는 바닥, 발을 단단히 감싸주는 설계가 필수다.

 나는 강의 때 종종 이렇게 말한다. "병원비는 아끼기 어렵지만, 운동화 값은 미리 투자하면 아플 일이 줄어듭니다. 좋은 운동화를 신으면 무릎 통증이 줄고 발바닥 저림이 사라지고 허리까지 편안 해집니다." 한 켤레 10~20만 원짜리 운동화가 수십만 원짜리 무릎 주사나 물리치료 비용을 줄여준다면, 그건 절대 비싼 것이 아니다. 걷기를 꾸준히 하는 사람일수록 운동화는 1년에 한 번 혹은 700~1,000km 정도 걷고 나면 교체해주는 것이 좋다. 밑창이 닳아 쿠션 기능이 사라지기 때문이다.

발에 대한 감사

 우리는 매일 걸어 다닌다. 앉았다, 일어나고 서 있다가 움직이고, 하루에도 수없이 움직이며 살아간다. 그 모든 순간을 조용히 묵묵히 지탱해주는 존재, 그것이 바로 발이다. 하지만 우리는 발의 소중함을 너무 쉽게 잊는다. 얼굴은 거울을 보며 매일 꾸미지만, 발은 잘 보이지 않는다고 무심하게 방치한다. 그저 신발 속에 있는 존재일 뿐인 것처럼 여긴다. 그러나 사실 발은 우리가 살아가는 내내 매일, 매 순간 우리의 몸 전체를 지탱하는 위대한 기관이다.

 사람이 걸을 때 한 발로 몸을 지탱하는 순간에는 자신의 체중보다 2~3배 이상의 하중이 발에 실린다. 예를 들어 몸무게가 60kg이라면, 한 걸음 내딛는 동안 120~180kg 이상의 무게가 발바닥과 발목, 무릎을 통해 전달된다. 하루에 1만 보를 걷는다고 가정하면, 발은 매일 수천 번씩 고중량의 압박을 받는 셈이다. 그런데도 우리는 발에게 고맙다는 말 한마디 건네지 않는다.

 당신의 발이 오늘도 당신을 지탱해주고 있다. 그리고 앞으로도 지탱해줄 것이다. 그 사실만으로도 우리는 발에게 감사할 이유가 충분하다.

100원 동전 바보

예전에 동네에 100원짜리 동전만 동냥하는 이상한 사람이 있었다. 100원짜리 동전과 500원짜리 동전을 동시에 던지면 그는 어김없이 100원짜리 동전만 주웠다. 어떤 때는 그에게 천 원을 주기도 했는데, 그는 고개를 저으며 이렇게 말했다. "100원만 줘~ 엄마 빵 살 거야… 엄마 빵 좋아해~^^"

그 이야기를 들은 사람들은 웃으며 말했다. "아이고, 저 바보! 더 큰돈이 눈앞에 있는데도 100원만 받으려고 하네." 그는 깡통 안에 100원짜리 동전을 받고는 춤을 춘다. "엄마 빵 좋아해~ 엄마 빵 좋아해~" 하면서.

많은 시간이 지난 지금, 문득 이런 생각이 들었다. 과연 누가 바보인가? 눈앞에 더 큰돈을 놓치는 그 사람이 바보인지, 아니면 돈의 가치만으로 사람의 삶을 판단하는 우리가 바보인지. 정말로 돈에 대한 개념이 없어서 100원짜리 동전만으로 빵을 살 수 있다고 생각했을지도 모르겠고, 아니면 그 사람만의 동냥 전략이었는지도 모르겠다.

그 바보는 누구보다도 확실한 목적이 있었다. 어머니에게 빵을 사드리고 싶다는 단순한 이유. 세상이 요구하는 더 크고, 더 많고, 더 좋은 것을 포기하고 오직 가장 소중한 것 하나만을 지키려는 그의 고집. 우리는 너무 많은 것을 줍고 있다. 500원을 줍고, 1000원을 줍고, 심지어는 백만 원 단위의 돈을 줍기 위해 자신의 시간, 건강, 관계, 진심, 영혼까지도 함께 버리고 있다.

누구나 더 잘나고 싶어 한다. 인정받고 싶고, 더 똑똑해 보이고 싶고, 이겨야만 살아남는 세상이다. 하지만 그 경쟁 속에서 점점 잃어가는 것들이 있다. 진심, 여유, 사랑, 가족, 그리고 내 마음의 평화다.

100원짜리 동전만 고집하는 그 바보는 어쩌면 우리에게 이렇게 묻고 있는지도 모른다. "당신은 지금 무엇을 줍고 있습니까? 그것이 정말 소중한 것입니까?"

바보처럼 보일지라도

우리는 수없이 많은 유혹 앞에 놓인다. 더 큰돈, 더 좋은 조건, 더 편한 길. 그리고 대부분의 사람들은 그 유혹을 거절하지 못한다. '이게 낫겠지', '이게 이득이야', '바보가 아닌 이상 이걸 고르지 않겠어'하고 생각한다. 하지만 진짜 지혜로운 사람은 그 앞에서 이렇게 묻는다. '정말 이게 나에게 좋은 걸까?', '내가 지키고 싶은 것은 무엇인가?' 바보처럼 보일지라도 자신의 마음을 지키는 사람, 자신이 사랑하는 사람을 위한 선택을 하는 사람, 그 사람 이야말로 우리가 본받아야 할 진짜 지혜로운 사람이 아닐까?

100원짜리 동전만 받는 그 바보는 세상의 기준으로 보면 매우 어리석은 사람이다. 누구라도 눈앞에 1000원이 보이면 그것부터 챙기고 싶을 것이다. 그게 합리적이고 현명한 선택처럼 보인다. 하지만 바보는 가장 비합리적인 선택을 한다. 그 이유는 단 하나, 어머니에게 빵을 사주고 싶어 서다. 단순하다. 그 단순함 속에 오히려 복잡한 시대를 거스르는 진심이 있다. 이 시대는 다들 똑똑한 사람만 찾는다. 머리는 빠르게 계산하지만 마음은 점점 메말라가고, 관계는 피곤해지고, 사랑은 계산되며, 사람을 따뜻하게 보는 눈은 점점 사라져간다.

1980년대 '바보들의 행진'이라는 말이 유행한 적이 있었다. 남들보다 느리게 걷고, 남들보다 덜 가져도 웃으며 사는 사람들. 세상의 기준에선 실패자처럼 보이지만, 그들 만의 속도와 방식으로 살아가는 이들을 말한다. 그들은 말한다. "나는 내가 지키고 싶은 걸 지키며 살고 싶다." 그게 사람일 수도 있고, 신념일 수도 있고, 가치일 수도 있다. 누군가는 그들을 바보라 부른다. 하지만 그 바보들은 오늘도 눈을 맞추고 서로의 안부를 물으며, 지하철에서 자리를 양보하고, 따뜻한 말을 건넨다.

지금 우리는 너무 많은 것들을 빨리 알고, 빨리 판단하고, 빨리 결정해야 하는 세상에 살고 있다. 뉴스는 쉴 틈 없이 쏟아지고, 정보는 넘쳐나며, SNS는 나보다 더 잘난 사람들을 매일 보여준다. 그래서 우리는 조금이라도 늦는 사람을 무시하고, 실수하는 사람을 미워하며, 모자란 사람을 멀리한다. 하지만 진짜 삶은 빠르게 사는 것이 아니라 깊게 사는 것이 아닐까?

 나 에게도 물어보았다. '나는 무엇을 지키고 싶은가?', '나는 누구를 위해 살아가는가?', '나는 얼마나 똑똑하려고 애쓰고 있나?', 그리고 '나는 얼마나 따뜻하려고 노력하고 있나?' 세상이 더 똑똑해 지라고 요구할수록 나는 그 바보처럼 더 따뜻하기 위해 노력하겠다고 다짐해본다.

바보의 고집이 우리를 사람 답게 만든다

 우리는 흔들리는 삶을 살아간다. 조금만 손해 봐도 억울하고, 조금만 비교당해도 불안하다. 자꾸만 더 가지려 하고 남보다 앞서려 한다. 그러다 어느 날 문득 깨닫는다. 많이 가져도 마음이 허전할 수 있다는 것, 성공해도 행복하지 않을 수 있다는 것을. 그럴 때 그 바보의 모습이 떠오른다. 조용히 고개 숙이고 동그란 100원짜리 동전을 손에 쥐고 행복해하는 그의 표정. 그 속엔 욕심도, 경쟁도, 분노도 없다. 오직 따뜻함과 평안함만 있다.

 당신의 삶에도 세상이 보기엔 어리석을 지라도 바보스러운 고집 하나를 지켜 가길 바란다. 그 고집이 당신을 가장 사람 답게 만들어 줄 것이다.

아들과 함께한 산티아고 순례길 800km

산티아고 순례길 800km. 언젠가 꼭 한 번 걸어보고 싶었다. 이름만 들어도 가슴이 뛰는 길이지만, 대장암 4기 판정을 받고 생사의 갈림길에서 하루하루 버텨내던 그 시절의 나에게는 너무 멀고도 아득한 꿈처럼 느껴졌다. 살기 위해 걷기 시작했고, 그렇게 걷던 내가 어느덧 걷기 강사가 되어 많은 강의와 책을 통해 걷기의 기적을 나누고 있다.

나는 지금 프랑스의 작은 시골 마을, 생장 피에드 포르에 서 있다. 바람이 불고 건물은 붉은 기와로 정겹고, 골목골목 순례자의 숨결로 가득하다. 이곳은 산티아고 순례길의 시작점이다. 나의 800km 걷기 여정은 이 문에서 시작된다. 3월 11일 아침, 65세의 나이로 내가 지금 여기 서 있다. 몇 년을 꿈꿨던 길이다.

 산티아고 순례길은 스페인 북서부 산티아고 데 콤포스텔라로 향하는 길로, 예수 제자 성 야고보의 무덤이 발견된 9세기부터 시작되었다. 순례길 프랑스 길은 생장 피에드 포르에서 시작해 스페인 산티아고 데 콤포스텔라까지 약 800km를 걷는 길이다.

첫날부터 험난했던 여정

 첫날부터 험난했다. 발카로스를 넘어가는 여정은 마치 인생의 언덕처럼 숨이 턱까지 차오르고 다리는 천근만근 무거웠다. 순례자들 사이에서 가장 힘든 코스 중 하나로 손꼽히는 이 구간은 나에게 단순한 언덕이 아니라, 마치 인생의 모든 고비를 압축한 것처럼 느껴졌다. 오르막이 끝나갈 즈음, 우리는 눈 쌓인 고지대에 도달했다. 한국에서 보았던 순례길 사진들과는 전혀 다른 풍경이었다. 봄이라 생각했지만 여기는 아직 겨울의 끝자락이었다. 찬바람이 뺨을 때리고 미끄러운 눈길에 중심을 잃을 뻔도 했다. 하지만 우리는 함께였다. 아들이 앞에서 길을 안내하고 내가 뒤따랐다. 이 여정의 모든 순간이 두 사람의 호흡으로 맞춰지는 시간이었다.

 조용히 흐르는 눈물. 어떤 이는 사랑하는 이를 위해, 어떤 이는 병든 자신을 위해, 또 어떤 이는 인생의 방향을 찾기 위해 이 길을 걷는다. 나는 내 마음속에 두고 온 사람들, 나를 살리기 위해 기도해준 아내, 지금도 전화로 내 안부부터 묻는 90세의 어머니, 기도로 응원해주는 많은 사람들 모두가 소중하고 감사하다.

 걷다 보면 무릎이 휘청거릴 때가 있다. 등에 멘 배낭이 어깨를 누르고, 발바닥은 타 들어 가는 것 같고, 목은 뻣뻣하고 스틱에 힘을 줘야 하는 팔은 통증이 일어나기 시작한다. 순례길 초반부터 매일 먹는 진통제. 몸이 아프기도 했지만, 사실 더 무서웠던 건 앞으로 남은 일정을 더는 걸을 수 없을지도 모른다는 두려움이었다. 매일 아침 눈을 뜨는 순간 가장 먼저 떠오르는 것은 '오늘 하루도 걸을 수 있는 힘이 생기기를 바라는 것'이었다.

 내가 이 길을 오기 위해 몇 년 전부터 준비해온 이유는 단순히 완주하기 위해서가 아니었다. 나는 이 길에서 다시 한번 살아 있다는 감각을 느끼고 싶었다. 숨을 쉴 수 있고, 땀을 흘릴 수 있고, 두 발로 한 걸음 내디딜 수 있다는 이 단순한 사실이 얼마나 큰 축복인지 다시 경험하고 싶었고, 누구의 방해도 받지 않고 그동안 치열하게 살면서 잃어버린 나를 다시 찾고 싶었다.

아들과 함께한 길 위에서

 길을 나서기 전 간단한 아침 식사를 했다. 빵 한 조각과 따뜻한 커피 한 잔. 고급 호텔의 조식도 부럽지 않았다. 그 빵을 씹으며 아들과 눈을 마주쳤다. 우리 둘 다 말은 없었지만 마음은 통했다. 살아 있어서 여기에서 함께 빵을 먹고 있다는 것만으로도 감사하다는 진심. 어느 날의 코스는 내게 또 하나의 고비였다. 고도는 높지 않았지만 지면이

험했다. 울퉁불퉁한 자갈길과 미끄러운 흙 길이 반복됐고, 또 어느 날은 30km를 걸어야 하는 날이었다. 배낭을 매는 순간 어깨뼈가 욱신거렸다. 그럴 때마다 나의 배낭에서 짐을 조금씩 꺼내 자신의 배낭에 넣는 아들을 보면서 마음만은 깃털처럼 가벼웠다.

 아들은 내가 혼자 생각하고 느끼고 사색하며 걷는 것에 방해하지 않으려고 50m, 100m 앞서 걷는다. 그러다가 길 모퉁이에서 내가 보이지 않으면 나를 기다려주고, 또 내가 오는 것을 확인하면 그때부터 다시 걷는다. 평소 말이 별로 없고 표현을 잘 안 하는 아들이지만 이번 여정을 통해 그 속마음에 아버지를 생각하는 마음이 큰 것을 확인할 수 있었다.

 산티아고 순례길은 혼자 걷는 길이지만 결코 외로운 길은 아니다. 길 위에는 늘 누군가가 앞서 걷고 있고, 또 누군가는 뒤따라온다. 출신도 다르고 언어도 다르고 종교도 다르지만, 이 길에서 만나는 사람들과는 이상하게 마음이 쉽게 열린다. 이유는 간단했다. 모두가 걷고 있기 때문이다. 모두가 아프고, 모두가 피곤하고, 모두가 같은 고비를 넘고 있었기에 그렇다.

잃어버린 가방, 그리고 기적

그날 아침 모든 것이 평소처럼 시작됐다. 새벽 일찍 알베르게(순례자 숙소) 순례자들이 하나둘씩 배낭을 메고 조용히 떠나는 소리가 들렸다. 우리 부자도 평소와 다름없이 침낭을 정리하고 트레킹화 끈을 조이고 물통을 채우고 숙소를 나섰다. 그날은 비교적 평탄한 길이었고 날씨도 좋아서 마음이 가벼웠다. 마을을 지나 들판을 걷고 풀 냄새와 흙냄새가 섞인 아침 공기를 마시며 '오늘은 좀 수월하겠다' 하고 생각했다. 하지만 오후 한 카페에서 쉬려고 가방을 열던 순간 뭔가 이상했다. 귀중품만 따로 넣어 메고 다니던 작은 가방이 없어진 것이다. 언제부터 없어졌는지를 둘이서 추적하며 생각해보니, 두 시간 전에 한 마을의 작은 벤치에서 간식을 먹고 그 가방을 두고 온 것이 생각났다. 아들은 그 길에 특별히 사람이 없었고 뒤에서 오고 있는 순례자들 중에 누군가가 주워서 전달해 줄 거라 믿고 오던 길을 되돌아 서둘러 갔지만, 그 누구도 그 가방을 전달해주는 사람이 없었다.

그 가방 안에는 우리 두 사람의 여권과, 그곳에서 사용하는 카드와 선글라스, 이어폰 등 여러 귀중품들이 다 들어 있었다. 처음에는 너무나 당황스럽고, 이 먼 이국 땅에서 이와 같은 것들이 없이 앞으로 어떻게 해야 할지를 생각하니 혼란스러웠다. 여권이 없으면 스페인에서 출국도 못하고 남은 여정도 못 걷고…. 갑자기 너무 많은 생각들이 한꺼번에 밀려왔다. 걱정은 걷고 있을 때에도 쉽게 떠나지 않았다. 풍경이 아름다워도 눈에 들어오지 않았고, 발걸음이 묵직하게 느껴졌다. 이튿날 나는 아들과 함께 걸으며 속으로 기도했다. '우리가 이 길에서 포기하지 않게 해주시고, 길을 걷는 동안에도 이 일들이 우리의 마음을 상하고 어렵게 하지 않기를….'

사실 내가 놓치고 있었던 건 이 소중한 하루였다. 내 아들이 내 옆에서 함께 걸어주고 있고, 아직도 두 다리로 걷고 있고, 오늘 하루도 해가 떠 있고, 우리에게 주어진 순례자의 시간은 흐르고 있었던 것이다. 그러던 어느 날, 기적처럼 한 통의 전화가 왔다. 걸으면서 알게 된 순례자로부터 자신의 친구의 친구가 그 가방을 보관하고 있다고, 전달해주려면 어떻게 해야 하는지를 묻는다고 했다. 결국 우여곡절 끝에 10일 만에 우리는 그 여권을 찾았다. (스페인에서 40년을 살았던 사람의 말로는 잃어버린 여권을 다시 찾는 확률은 거의 없다고 한다.) 우체국에서 소포로 도착된 봉투 안에는 다른 것들은 다 없어졌고, 여권과 카드만 있었다. 그것 만으로 너무나 감사했다.

삶의 마지막 장면을 위한 걸음

이 길은 걷기만 해도 눈물이 난다. 특별히 아픈 데가 없어도, 누가 상처 준 것도 아닌데 그냥 걷다 보면 어느 순간 울고 있는 나 자신을 발견하게 된다. 마치 마음속 깊숙한 곳에서 무언가 뚜껑 열리듯 흘러나오는 듯했다. 산티아고 순례길을 걷는다는 건 단순한 여행이 아니었다. 그건 나를 향해 걸어가는 여정이었다. 그리고 그 길 위에서 나는 참 많이 울었다.

어느 날은 해가 막 떠오르는 새벽, 들판을 따라 걷고 있었다. 짙은

안개가 피어오르고 수많은 이름 모를 들꽃들이 이슬을 머금은 채 조용히 나를 응시했다. 바람은 얼굴을 스치고 새들이 고요하게 노래했다. 그 순간 왜 인지 모르게 가슴이 뻥 뚫리듯 시원해지더니 눈물이 흘렀다. 아무 이유 없는 눈물이었다. 아니, 이유는 너무 많아서 설명할 수 없는 눈물이었다. 살아온 세월의 무게, 병상에서의 고통, 가족에 대한 미안함, 아들을 바라보는 뭉클함, 그리고 지금 이렇게 걷고 있다는 사실이 그 모든 감정을 한꺼번에 끌어올렸다. 그건 치유의 눈물, 회복의 눈물, 감사의 눈물이었다. 울수록 몸이 가벼워졌고, 울수록 마음이 정돈되었고, 울수록 나는 살아 있다는 것이 실감났다.

 순례길은 신기하게도 마음속에 오랫동안 눌러 두었던 슬픔, 분노, 후회, 그리움 같은 감정들을 걸음마다 하나씩 끌어올려 밖으로 꺼내 놓게 된다. 걷는다는 건 그런 것이다. 몸을 움직이면서 마음을 정리하는 일. 그렇게 눈물을 흘린 날들 덕분에 나는 조금씩 자유로워졌다. 몸의 고통은 여전했지만 마음의 짐은 가벼워졌다. 그 눈물 속에는 이름 없이 지나간 수많은 사람들의 얼굴도 있었고, 나 자신을 너무 오래 미워했던 기억도 있었고, 살아남았다는 안도감 같은 것도 있었다.

 인생은 순간이다. 그리고 지금 이 순간은 내가 살아온 날들 가운데 가장 눈부시게 빛나는 날이다. 많은 이들이 인생 후반전을 두려워한다. 몸이 약해지고, 친구는 줄어들고, 가까운 이들 과도 거리가 생기기 때문이다. 하지만 지금 우리가 어딘가를 걷고 있다면, 그것 만으로 우리의 인생 후반전은 이미 성공이다.

 800km! 드디어 종착지를 하루 남겨둔 날, 한 걸음 한 걸음 걸어온 이 길이 오늘로 끝난다는 것이 실감 나지 않았다. 마지막 20km를 남겨두고 걷는 동안 그 모든 순간이 하나씩 지나갔다. 사람들은 종착지를 향해 속도를 내고 있었다. 하지만 나는 천천히 걸었다. 한 걸음 한 걸음이 아까워서, 이 길을 끝내고 싶지 않은 마음과 '드디어 다 왔다'는 안도감이 뒤섞인 걸음이었다.

 그리고 마침내 산티아고 데 콤포스텔라 대성당 앞 광장에 도착했다. 아침부터 쏟아지는 빗속에 순례자들은 저마다 벅찬 표정으로 광장에 들어섰고, 어떤 이는 기뻐서 소리쳤고, 어떤 이는 조용히 눈물

을 흘렸다. 몇 년 동안 마음속으로 꿈꾸던 산티아고 순례길, 하루하루 몸의 통증으로 포기하고 싶었던 800km의 긴 여정을 드디어 끝냈다는 뿌듯함과 아쉬움이 교차되는 순간이었다. 나는 한쪽에 앉아 한참 동안 앞 서거니 뒤 서거니 하며 함께 그 길을 걸어온 사람들의 행복해하는 모습을 보면서 남은 인생 동안 그런 모습으로 우리 모두가 살기를 바랐다.

순례자 사무실에 가서 마침내 순례자 인증서, 이름과 시작 날짜, 여정, 경로가 기록된 그 종이를 손에 쥐고 우리는 다시 한번 감격했다. 800km의 길 위에서 나는 내 과거와 마주했고, 내 몸과 마음의 상처를 어루만졌고, 아들과의 관계를 다시 품었고, 그리고 나 자신을 다시 사랑할 수 있게 되었다.

한 걸음이 당신을 살게 할 것이다

돌아오는 비행기 안에서 창밖을 내다보며 생각했다. '나는 이 길을 정말 잘 왔다. 나에게 꼭 필요했던 길이었다. 그리고 이제는 다시 걸어야 할 이유가 분명해졌다.'

이 책은 단순한 여행기가 아니다. 이건 삶을 다시 걸어낸 한 사람의 고백이며, 아버지와 아들의 진짜 동행 기록이다. 울고 웃고, 포기하고 싶었다가 다시 걷고, 다시 사랑하고, 다시 감사하게 된 이야기다.

지금 이 책을 읽고 있는 당신이 무언가를 시작하려는데 두려움이 있다면, 삶이 지치고 무기력하다면, 또는 어디서부터 다시 시작해야 할지 모르겠다면 이 한마디를 전해드리고 싶다. "그냥 한 걸음, 한 걸음만 내디뎌 보세요. 그 한 걸음이 당신을 다시 살게 할 것입니다."

 나는 이제 강의 현장에서 이 산티아고 순례길 이야기를 종종 나누게 될 것이다. 그때마다 강조하고 싶은 것이 있다. 걷기 란 단순히 운동이 아니고, 여행도 아니고, 마음의 전환이자 삶의 재정비이며, 기쁨의 회복이라는 사실이다. 걷는 사람은 감사할 수 있고, 볼 수 있고, 웃을 수 있다. 바람을 느끼고, 하늘을 바라보고, 땅의 기운을 두 발로 밟으며 매일 나 자신과 다시 만날 수 있다.

 나는 이 땅에서의 삶을 다할 때까지 걷기를 멈추지 않을 것이다.

에필로그

"100세 시대"

장수의 축복 뒤에는 우리가 감당해야 할 현실이 숨어 있습니다. 부모님을 부양하면서도 동시에 자녀를 돌봐야 하는 5070 세대.'노노케어'라는 새로운 숙제를 안고 살아가는 우리에게 하루하루는 싸움이자 도전입니다. 경제적 부담, 심리적 압박, 몸의 노화와 마음의 지침 속에서도 우리가 붙잡을 수 있는 한 줄기 희망이 있다면, 저는 그 답을 걷기에서 찾았습니다.

우리는 살면서 무너질 때가 있습니다. 병 앞에서, 돈 앞에서, 관계 앞에서... 그런 순간에 사람들은 멈추고 싶어 합니다. '더 이상 버티기 힘들다', '이쯤에서 포기하고 싶다'고 말합니다. 저 역시 그랬습니다. 대장암 4기로 5년간 투병하고, 부도로 재정이 무너져 8년이라는 긴 터널을 지나는 동안 제가 할 수 있었던 것은 걷기였습니다. 아프니까 걸었고, 힘드니까 걸었습니다. 그리고 저는 마침내 일어섰습니다.

올해 3월, 저는 65세의 나이로 아들과 함께 산티아고 순례길 800km를 완주했습니다. 끝없는 길 위에서 저는 제 과거와 마주했고, 지금의 저를 만났으며, 앞으로 살아갈 저를 다짐했습니다. 걷는 동안 눈물도 흘렸고, 감사도 배웠으며, 무엇보다 살아 있다는 것이 얼마나 큰 감사인지를 온몸으로 느꼈습니다.

그래서 저는 이 책을 썼습니다. 직접 만나서 제 이야기를 전할 수 없는 사람들에게, 힘겨운 시간을 지나고 있는 사람들에게, 그리고 지금 서 있는 자리에서 용기를 잃은 사람들에게 말하고 싶었습니다.

"그러니까, 걷자"

걷기는 단순한 운동이 아닙니다. 그것은 나를 회복하는 시간이고, 내 안의 소리를 듣는 길이며, 세상과 다시 연결되는 방법입니다. 함께 걷는 동안 우리는 서로를 위로하고 웃고 이야기하며 다시 살아갈 힘을 얻습니다. 걷는 발걸음마다 쌓여가는 건강, 희망, 용기는 결국 우리의 삶을 변화시킵니다.

이제 여러분에게 권하고 싶습니다. 몸이 아프든, 마음이 힘들든, 삶이 고단하든 괜찮습니다. "한 걸음부터 시작하면 됩니다." 그 한 걸음이 여러분의 오늘을 살리고 내일을 바꾸며, 100세 시대를 살아갈 우리 모두에게 다시 일어설 용기를 줄 것입니다.

그러니까, 걷자.

함께 걷자.

걷는 만큼 우리는 살아날 것입니다.

[판권]

1판 발행일 2025년 11월 20일

지은이 · 조현재

편집인 · 조명숙 . 김민주

디자인 · 임승우(북크리)

펴낸곳 · 도서출판 브라이튼

주 소 · 경기 고양시 일산서구 일중로15번길 128

출판 등록 · 제 2023-0017호

이메일 · artmuseu2@gmail.com

ISBN · 979-11-989175-8-4

값 · 16,000원

저작권자 ⓒ 조현재 . 도서출판브라이튼

출간도서 『그러니까, 걷자』는

조현재와 도서출판 브라이튼의 승인받아 사용하며,

이 책의 판형 디자인은 브라이튼 출판사에 귀속되어

저작권법에 의해 보호 받는 저작물이므로 무단 전재와 복제를 금합니다.